U0828504

传统文化修养丛书

孔子（事纪与学案）

谢无量——著
乔盖乔——整理

上海科学技术文献出版社
Shanghai Scientific and Technological Literature Press

图书在版编目（CIP）数据

孔子：事纪与学案 / 谢无量著．—上海：上海科学技术文献出版社，2021
（传统文化修养丛书．续三）
ISBN 978-7-5439-8408-0

Ⅰ．①孔… Ⅱ．①谢… Ⅲ．①孔丘（前551-前479）—人物研究②孔丘（前551-前479）—思想评论 Ⅳ．①B222.2

中国版本图书馆CIP数据核字(2021)第163500号

策划编辑：张 树
责任编辑：王 珺
封面设计：留白文化

孔子：事纪与学案
KONGZI: SHIJI YU XUE'AN
谢无量 著 乔盖乔 整理
出版发行：上海科学技术文献出版社
地 址：上海市长乐路746号
邮政编码：200040
经 销：全国新华书店
印 刷：常熟市人民印刷有限公司
开 本：889mm×1194mm 1/32
印 张：7.75
字 数：125 000
版 次：2021年9月第1版 2021年9月第1次印刷
书 号：ISBN 978-7-5439-8408-0
定 价：38.00元
http://www.sstlp.com

目　　录

第一编　孔子事纪

第二编　孔子学案

第一编
孔子事纪

第一章　先　世

孔子先世，见于《世本》《孔子家语》《史记·孔子世家》，及《左传》《公羊传》等书，而《家语》尤详。近世以《家语》为王肃伪作，不可取信。惟《世本》最古。《史记》多因《世本》。《汉志》：《世本》十五篇，周末史家记黄帝至春秋以来。[①] 隋、唐《志》并有此书。近辑《世本》，孙星衍《序》，以《世本》至宋始亡。故今序孔子先世，以《世本》为主，而参以《左传》《公羊传》等。

《诗·商颂序》疏引《世本·帝系篇》曰：

> 宋湣公生弗甫何，弗甫何生宋父，宋父生正考甫，正考甫生孔父嘉，为宋司马，华督杀之，而绝其世。其子木金父，降为士。木金父生祁父，祁父生防叔，为华氏所逼奔鲁，为防大夫，故曰防叔。防叔生伯夏，伯夏生叔梁纥，叔梁纥生仲尼。

① 《汉书·艺文志》原文："《世本》十五篇。古史官记黄帝以来，讫春秋时诸侯大夫。"——编注

右文见《左传·桓元年》疏引，其辞稍略；《昭七年》疏引作《家语》。《潜夫论·志氏姓》亦有此文。字句虽小异同，大抵皆据《世本》。然则孔子先世出于宋湣公，宋则殷微子启之后也。故孟僖子曰：

吾闻将有达者曰孔丘，圣人之后也。（《左传·昭公七年》）

先是，宋湣公卒，弟炀公立。湣公之子鲋祀弑炀公，以国与其兄，而授世子弗父何。弗父何不受，鲋祀立，是为厉公。而弗父何及其子孙，世为宋卿。《左传·昭七年》曰"其祖弗父何，以有宋而授厉公"是也。

孔子先世，多有名德，不独微子启之贤明也。如弗父何让国不受，行合于义。而弗父何孙正考父，尤为当时所称。《左传·昭七年》曰：

及正考父，佐戴、武、宣，三命兹益共〔恭〕。故其鼎铭云："一命而偻，再命而伛，三命而俯，循墙而走，亦莫余敢侮。饘于是，鬻于是，以餬余口。"其共也如是。

《国语》亦称正考父之温恭。齐大夫闾丘来盟于鲁，鲁大夫闵马父诫子服景伯骄慢曰：

昔正考父校商之名颂十二篇于周太师，以《那》为首，其辑之乱曰："自古在昔，先民有作。温恭朝夕，执事有恪。"（《鲁语下》）

正考父历事宋戴公、武公、宣公三朝，为宋贤辅。盖能全其谦让之美德，可知也。观鼎铭及《辑》之乱，则又长于文章。孔子次六艺，有温良恭让之性，盖承其先德欤？

正考父子孔父嘉亦贤。《左传》曰：

宋穆公疾，召大司马孔父，而属殇公焉，曰："先君舍与夷而立寡人，寡人弗敢忘。若以大夫之灵，得保首领以没。先君若问与夷，其将何辞以对？请子奉之，以主社稷。寡人虽死，亦无悔焉。"对曰："群臣愿奉冯也。"公曰："不可。先君以寡人为贤，使主社稷。若弃德不让，是废先君之举也，岂曰能贤？光昭先君之令德，可不务乎？吾子其无废先君之功！"使公子冯出居于郑。八月庚辰，宋穆公卒，殇公即位。君子曰："宋宣公可谓知人矣。立穆公，其子飨之，命以义夫！《商颂》曰：'殷受命咸宜，百禄是荷'，其是之谓乎！"（《隐三年》）

宋穆公将卒，而托殇公于孔父。孔父固宋社稷之臣矣。然不得其死。《春秋·桓公二年经》曰："春王正月戊申，宋督弑其君与夷，及其大夫孔父。"盖深恫之也。

至孔父嘉被害之故，《左传》与《公羊》《穀梁》之说不同，今比论如下：

> 宋华父督见孔父之妻于路，目逆而送之，曰："美而艳。"（《左传·桓元年》）
>
> 春，宋督攻孔氏，杀孔父而取其妻。公怒，督惧，遂弑殇公。……宋殇公立，十年十一战，民不堪命。孔父嘉为司马，督为太宰，故因民之不堪命，先宣言曰："司马则然。"已，杀孔父而弑殇公，召庄公于郑而立之。（《左传·桓二年》）

观左氏所记，则华父督之杀孔父嘉，始因慕其妻，欲杀孔父而夺之，同时亦有专宋国政权之意。崔述《洙泗考信录》，尝疑于"目逆"之说曰：

> 左氏"目逆"之说，二《传》无之。余按：古者妇人车必有帷，士庶人之家出，犹必拥护其面，况卿之内子乎？督安得见之而"目逆"之也哉？齐庆克诈为妇人，蒙衣垂辇而入于闳。晋士匄、乐王

鲋，二妇人辇以如公。卫世子蒯聩与浑良夫，蒙衣而乘，以为孔氏。皆恐人之见之也。是古者妇人之出，人不能见明甚，督安得见之而“目逆”之也哉？此诬古人之大者，且不近情理之尤者。（《洙泗考信录》卷一）

《公羊传》论华父督杀孔父嘉，则但为欲专政权。《穀梁传》略同。其文曰：

及者何？累也。弑君多矣，舍此无累者乎？曰：有，仇牧、荀息，皆累也。舍仇牧、荀息，无累者乎？曰：有。有则此何以书？贤也。何贤乎孔父？孔父可谓义形于色矣。其义形于色奈何？督将弑殇公，孔父生而存，则殇公不可得而弑也，故于是先攻孔父之家。殇公知孔父死，己必死，趋而救之，皆死焉。孔父正色而立于朝，则人莫敢过而致难于其君者，孔父可谓义形于色矣。（《公羊·桓公二年》）

孔父先死，其曰“及”，何也？书尊及卑，《春秋》之义也。孔父之先死，何也？督欲弑君，而恐不立，于是乎先杀孔父，孔父闲也。（“闲”谓扞御。）何以知其先杀孔父也？曰：子既死，父不忍称其名。以是知君之累之也。孔氏父字，谥也。或曰：其不称名，盖为祖讳也。孔子故宋故也。（《穀梁·桓二年》）

盖殇公之立，由先君之遗命，而孔父嘉为之佐。华父督欲立子冯，以自专国柄，因有弑殇公之意，然不得不先去孔父嘉，此其所以先攻孔氏也。自《公羊传》之说观之，孔父信社稷之臣矣。《穀梁》谓孔父不称名，为先杀及故宋之义。杜预独以为称名，且曰："孔父称名者，内不能治其闺门，外取怨于民，身死而祸及其君。"是犹附会《左氏》说。自事实论之，固当以从《公》《穀》义为安矣。

孔父嘉既遇害，其子孙降为士，称孔氏。《世本》谓孔父嘉曾孙防叔，为华氏所逼奔鲁，则孔父子孙，当时犹在宋也。独杜预《左传·昭七年》注谓："孔子六代祖孔父嘉为宋督所杀，其子奔鲁。"苏子由《古史》因之。狄子奇《孔子编年》曰："孔父嘉为华督所杀，其子木金父奔鲁，是为陬人。"亦承杜氏之说也。

案：木金父生祁父，祁父生防叔，防叔生伯夏，伯夏生叔梁纥，即孔子父也。自木金父至伯夏，其事不可考。叔梁纥行事，亦罕见载籍，惟《左传·襄公十年》齐国偪阳，及《十七年》齐伐鲁围防，记叔梁纥一事。

偪阳人启门，诸侯之士门焉。县门发，陬人纥抉之以出门者。（《左传·襄公十年》）

陬叔纥、臧畴、臧贾帅甲三百，宵犯齐师，送之

而复。齐师去之。(《左传·襄公十七年》)

杜预注:“纥,郰邑大夫,仲尼父叔梁纥也。”则叔梁纥之可知者,惟勇力绝人而已。

第二章 诞 生

《史记·孔子世家》曰："纥与颜氏女野合而生孔子。"《礼记·檀弓》曰："二名不偏讳。夫子之母名徵在，言'在'不言'徵'，言'徵'不言'在'。"据此知孔子母，颜氏；徵在，名也。《家语·本姓解》记此事尤详。《家语》虽伪书，然当必本古记，且他无可证，故引列一条，以资参考。其文曰：

> 伯夏生叔梁纥，虽有九女而无子。其妾生孟皮，孟皮字伯尼，有足病。于是乃求婚于颜氏。颜氏有三女，其小曰徵在。颜父问三女曰："陬大夫虽父祖为士，然其先圣王之裔。今其人身长十尺，武力绝伦，吾甚贪之。虽年大性严，不足为疑。三子孰能为之妻？"二女莫对。徵在进曰："从父所制，将何问焉？"父曰："即尔能矣。"遂以妻之。

《史记》不言叔梁纥婚于颜氏，而有"野合"之文。司马贞《索隐》及张守节《正义》并辨其义，然皆据《家语》之文。今掇录其说于下：

《家语》云：梁纥娶鲁之施氏，生九女；其妾生孟皮，孟皮病足。乃求婚于颜氏，徵在从父命为婚。其文甚明。今此云"野合"者，盖谓梁纥老而徵在少，非当壮室初笄之礼，故云"野合"，谓不合礼仪。故《论语》云："野哉由也。"又："先进于礼、乐，野人也。"皆言"野"者是不合礼耳。(《史记索隐》)

男八月生齿，八岁毁齿，二八十六阳道通，八八六十四阳道绝。女七月生齿，七岁毁齿，二七十四阴道通，七七四十九阴道绝。婚姻过此者，皆为野合。故《家语》云："梁纥娶鲁施氏女，生九女，乃求婚于颜氏。颜氏有三女，小女徵在。"据此，婚过六十四矣。(《史记正义》)

至于孔子生时年月，诸说尤不一。孔子七十世孙孔广牧著《孔子生卒年月日考》二卷，历举先秦以来逮于清世诸说百余家，然诸说皆本公、穀《传》及《史记》二说而已。

《公羊传·襄公二十一年》："十有一月庚子，孔子生。"《穀梁传》作"冬十月庚子，孔子生"。然推鲁襄公二十一年十一月，无庚子日。陆德明《公羊音义》曰："二十一年庚子，孔子生。传文上有'十月庚辰'，一本作'十一月庚子'，又本无此句。"则唐时《公羊传》文诸本已自不同，故当从《穀梁传》。襄公二十一年十月一日为庚辰，庚子是十月二十一日，盖孔子生于襄公二十一年十月二十一日也。

然《史记·孔子世家》曰："鲁襄公二十二年而孔子生。"《十二诸侯年表》及《鲁周公世家》，皆以孔子生于二十二年。后人遂取《穀梁传》之十月庚子，合以《史记》之说，以鲁襄公二十二年十月二十七日为孔子生日。又用阴历推之，定八月二十七日为孔子降诞之期。殆不过调和《穀梁》《史记》二说，而无有实据。于是司马贞为之说曰：

> 《公羊传·襄公二十一年》："十有一月庚子，孔子生。"今以为二十二年。盖以周正十一月属明年，故误也。（《史记索隐》）

毛奇龄驳之曰：

> 司马贞《史记索隐》云"周正十一月属之明年"，则从来三正推法，只以后月属前月，并无以前月属后月者。周正十一月，第能为夏正九月，未闻又能倒而为夏正之正月者。（《经问》）

要之，孔子之生，公、穀《传》同以为鲁襄公二十一年，《史记》独以为二十二年。古今说者，或从《公》《穀》，或从《史记》。孔广牧《先圣生卒年月日考》分诸说为二类。计从《公》《穀》说者，贾逵、何休、服虔以下，至狄子奇，凡三十五家；从《史记》说者，杜预、王嘉、陆德明以下，至成蓉镜，凡六十家。然则自古以来，学者尤多从《史记》说矣。今推其故，盖有五端：

（一）孔子传记，存于今而最古者，莫如《史记·孔子世家》。自有清以前，学者多信《史记》纪事，有所考订，率先以《史记》为主，乃旁及余书。故马骕《先圣年谱》曰："虽诸说异同，要以《史记》为主，为其近《左》也。"此学者因于成习，而多从《史记》者也。

（二）自来学者考一人行事，每系以年谱。故因年以稽事，则据《孔子世家》便。若从《公》《穀》之说，则推孔子一生事迹，其年岁或有牴牾。（每事皆须前一年始合。）此缘纪年之便利，而多从《史记》者也。（夏洪基及郑环之《孔子年谱》并准此说。）

（三）《史记》孔子享年七十有三。若从《公》《穀》说，则孔子当增一年，得七十四岁。阎若璩专以此事取《史记》，其言曰：

> 王氏[①]后，宋景濂有《孔子生卒岁月辨》一篇，生主《公》《穀》岁己酉，卒主《左氏》岁壬戌，相距则

① 王氏：即王应麟，南宋学者，著有《困学纪闻》。下文宋景濂，明初文臣宋濂；黄太冲，明代学者黄宗羲。——编注

> 七十四年，与历所传孔子年七十三者不合。辞虽辨，实不通历法。近黄太冲以历上推，断生于襄公二十二年建酉十月二十七日庚子，与罗泌《路史》吻合。余亦推以历，叹为定论。（《困学纪闻笺》）

又《史记·仲尼弟子列传》记门人之年，皆云少孔子几岁。故孔子之年，若差一年，则弟子年岁亦须递差。黄宗羲尝论之曰：

> 孔子之生年在庚戌，无可疑也。《家语》《史记》载孔子弟子年岁，皆以孔子为的。若孔子不生庚戌，则弟子之年无一足凭者矣。信《公》《榖》必尽废诸家，无乃过欤！（《南雷文约·论孔子生卒》）

（四）孔子子孙多从《史记》说。如孔传《东家杂记》、孔元措《祖庭广记》、孔瓒《孔颜孟三氏誌》、孔衍植《重纂阙里誌》、孔广牧《先圣生卒年月日考》是也。惟孔继汾《阙里文献考》从《公》《榖》说，独为例外。自来学者，尤重孔氏自述之说。彭大翼曰：

> 余昔游金陵，邂逅孔子六十代孙承先者，持所志孔子像授予。内称至圣先师生于鲁襄公二十二年庚戌

之岁十月庚子，即今之八月二十七日也。余以为先师生卒年月日时，出自其子孙相传者，当得其真。则所谓二十一年十一月生者非矣。（《山堂肆考·孔子生辰》）

（五）襄公二十一年日再食。金履祥、梁玉绳等，皆以为非圣人生之岁。此又一故也。

襄公二十一年日再食。决非生圣人之年。当从《史记》。（金履祥《通鉴纲目前编》）

襄公二十一年日食。必非生圣人之岁。（梁玉绳《古今人表考》）

自来学者所以多从《史记》，不出上之五端。虽皆持之有故，惟言日食岁不当生圣人，则近迂惑。至于《史记》记孔子生年，或以为实据《世本》，孔广牧辨之尤详。盖宋孔元措《祖庭广记》卷一引《世本》文曰：

鲁襄公二十二年冬十月庚子，孔子生。

此与《史记》正合。然《祖庭广记》检阅书目未列《世本》，孔广牧以为是据孔宗翰所撰《家谱》及孔传《东家杂记》原文。盖二书成于元丰、宣和之间，其时《世本》尚存也。盖孔子生之年月，《公》《穀》所记，月日相违；

《史记》所书，又差一岁。而《公》《穀》先传，《史记》晚作，故疑莫能明。或谓孔氏子孙欲求证于《史记》之先，乃附会《世本》。今《世本》既佚，无从考定。胡培翚以陆德明《释文》止载“庚子孔子生”五字，无“十有一月”句，《传》文上有“十月庚辰”，此亦当是十月，则古本《公羊》与《穀梁》同。是孔子生年，仍仅《公》《穀》与《史记》二说之异而已。论者各有所主，不可胜载。今略列二家之辨于下：

> 公羊、穀梁二氏，传经之家也。传经之家，当有讲师，以次相授。且去孔子时，又为甚近，其言必有据。（宋濂《孔子生卒岁月辨》）
>
> 孔子作《春秋》，其褒贬意义不可具书，皆以授弟子口传，传者各异其说。夫历年既久，又以口授至汉，乃成书以显，宁必无误？而公羊书月已讹，亦安在尽可据也？（夏洪基《孔子年谱》）

今姑并举二说，以推孔子生年月日。

（甲）《公》《穀》说　孔子生于鲁襄公二十一年（周灵王二十年，西历纪元前五百五十二年）十月（夏正即阴历八月）二十一日。

（乙）《史记》说　孔子生鲁襄公二十二年（周灵王二

十一年，西历纪元前五百五十一年）十月二十一日。

孔子诞生之际，纬书杂记，颇记其异征，虽不可尽信，亦略举数则如左：

孔子母颜氏徵在，游大泽之陂，梦黑帝使请己。己往，梦交语曰：“汝乳，必于空桑之中。”觉则若感，生丘于空桑，首类尼丘，故以为名。胸有文，曰“制作定世符”。（《春秋演孔图》）

颜徵感黑帝而生孔子。（桓谭《新论》）

周灵王立二十一年，孔子生于鲁襄公之世。夜有二苍龙，自天而下，来附徵在之房，因梦而生夫子。有二神女，擎香露于空中而来，以沐浴徵在。天帝下奏钧天之乐，列于颜氏之房。空中有声言：“天感生圣子，故降以和乐。”笙镛之音，异于俗世也。又有五老，列于徵在之庭，则五星之精也。

夫子未生时，有麟吐玉书于阙里人家，文云：“水精之子，继衰周而素王。”故二龙绕室，五星降庭。徵在贤明，知为神异，乃以绣绂系麟角，信宿而麟去。相者云：“夫子系殷汤水德而素王。”至敬王之末，鲁定公二十四年，鲁人锄商田于大泽，得麟以示夫子，系角之绂，尚犹在焉。夫子知命之将终，乃抱麟解绂，涕泗滂沱。且麟出之时，及解绂之岁，垂百年矣。（王嘉《拾遗记》三）

右多不经之词，用资异闻而已。至于孔子容貌，亦有传者：

孔子海口含泽。（《孝经援神契》）

仲尼牛唇吐教，陈机变度。仲尼虎掌，是谓威射。仲尼海口，言若苍泽。仲尼舌理七重。（《孝经钩命诀》）

仲尼之状，面如蒙倛。（《荀子·非相》）

孔子反宇，是谓尼甫。德泽所兴，藏元通流。（《白虎通·圣人》）

孔子反羽。（《论衡［·骨相］》）

孔子名丘，字仲尼。其命名之义，《史记》及《家语》载其由来：

生而首上圩顶，故因名曰丘云。（《孔子世家》）

徵在既往，庙见。以夫之年大，惧不时有男，而私祷尼丘之山以祈焉。故名丘，字仲尼。（《家语·本姓解》）

孔子有兄，可因其字而知之，《论语》谓孔子“以兄子妻南容”是也。据《家语·本姓解》：“有女兄九人，庶兄一人，字孟皮，一字伯尼。”《仪礼疏》又谓孔子有兄曰

"伯居"。莫能详也。孔子少孤,《史记·世家》曰:"丘生而叔梁纥死,葬于防山。"《家语》则谓孔子三岁而叔梁纥卒,葬于防。《世家》又谓孔子生鲁昌平乡陬邑,故《论语》以为"鄹人之子"。司马贞《索隐》以孔子居鲁之邹邑昌平乡之阙里。盖孔子生地又有"阙里"之名,张守节《正义》考之较详,曰:

> 《括地志》云:"兖州曲阜县鲁城西南三里有阙里,中有孔子宅,宅中有庙。伍缉之《从征记》云,阙里背洙面泗,即此也。"按:夫子生在邹邑,长徙曲阜,仍号阙里。

第三章　蚤　年

孔子幼时之事，传闻绝尠。惟《史记》称孔子为儿嬉戏，常陈俎豆、设礼容而已。诸年谱或以此系在六岁，莫能详也。至于孔子成年以后，其事之著者有三：（一）娶妻举子；（二）为官吏；（二）丧母。今考而记之。

《家语》称孔子年十九娶于宋之并官氏。按：伯鱼年五十，先孔子卒。以其时考之，则《家语》之说未甚远也。又曰："鲤之生也，鲁昭公以鲤鱼赐孔子。荣君之贶，故因以名曰鲤而字伯鱼。"伯鱼事不多见，《论语》惟记二条：

> 子谓伯鱼："女为《周南》《召南》矣乎？人而不为《周南》《召南》，其犹正墙面而立也欤！"（《阳货》）
>
> 陈亢问于伯鱼曰："子亦有异闻乎?"对曰："未也。尝独立，鲤趋而过庭。曰：'学《诗》乎?"对曰：'未也。''不学《诗》，无以言。'鲤退而学《诗》。他日，又独立，鲤趋而过庭。曰：'学礼乎?"对曰：'未也。''不学礼，无以立。'鲤退而学礼。"陈亢退而喜曰："问一得三：闻《诗》，闻礼，又闻君子之远其子

也。”（《季氏》）

孔子以《诗》、礼教子。或疑伯鱼之才，当出诸弟子下，故孔子告颜路语中，以伯鱼与颜渊相较，而云“才不才，亦各言其子也”。于是道格纳教授（Robert K. Douglas）[①] 曰：

> The name of this son seldom occurs in the life of his illustrious father，and the few references we have to him are enough to show that a small share of paternal offection fell to his lot.（*Confucianism and Taoism*， *p*. 26）

虽然，古者易子而教之，恐贼恩也。鲤之名所以罕见于《论语》者，殆孔子亦犹行古之道，故教之不如诸弟子之烦，或不尽以其才欤？

《论语》曰：“子谓公冶长，‘可妻也。虽在缧绁之中，非其罪也。’以其子妻之。”是孔子又尝有女矣。

孔子有出妻之说。《檀弓》曰：

---

① 道格纳：即罗伯特·K. 道格拉斯（1838—1931），英国外交家、汉学家。著有《中国》、《李鸿章》、《儒教与道教》等，下引文字即出于后者。——编注

伯鱼之母死，期而犹哭。夫子闻之曰："谁与哭者？"门人曰："鲤也。"夫子曰："嘻！其甚也。"伯鱼闻之，遂除之。

子上之母死而不丧。门人问诸子思曰："昔者子之先君子丧出母乎？"曰："然。""子之不使白也丧之，何也？"子思曰："昔者吾先君子无所失道；道隆则从而隆，道污则从而污。伋则安能？为伋也妻者，是为白也母。不为伋也妻者，是不为白也母。"故孔氏之不丧出母，自子思始也。

《正义》释前节曰："时伯鱼母出。父在为出母，亦应十二月祥，十五月禫。言'期而犹哭'，则是祥后禫前。祥外无哭，于时伯鱼在外哭，故夫子怪之，恨其甚也。或曰：为出母无禫，期后全不合哭。"又释后节曰："子之先君为谓孔子也，令人〔子〕丧出母乎？子思曰'然'，'然'犹'如是'也，言是丧出母故也。伯鱼之母被出死，期而犹哭，是丧出母也。"

据《正义》说，孔子出妻，殆为定论。清世始多攻此说。赵翼曰：

伯鱼母死，期而犹哭。《疏》以为出母，此最舛也。礼：父在为母服期，是期本服母终丧之候，而伯鱼犹哭，故夫子“甚”之也。出妻之子为母期，若为父后者，则于出母无服，是并无期之丧矣。伯鱼固为父后者也，不服于期之内，而反哭于期之外乎？即此可见孔氏出妻之说之妄也。（《陔馀丛考》卷三）

右系辨《檀弓》前节之文。江永又就其后节辨之曰：

昔人因《檀弓》记伯鱼之母死，期而犹哭，夫子谓其已甚，因谓孔子出妻。近世甘驭麟云：“《檀弓》载门人问子思曰：‘子之先君子丧出母乎?’此殆指夫子之于施氏，非谓伯鱼之于并官也。初叔梁公娶施氏，生九女，无子。此正所谓‘无子当出’者，《家语·后序》谓叔梁始出妻是也。”此说甚有理。施无子而出，乃求婚于颜氏，事当有之。何得诬为丧出母乎？（《乡党图考》）

此后夏炘著《檀弓辨诬》，以《檀弓》之书，是墨者之徒伪托以讥孔氏，故诬孔子三世出妻。其辨视江、赵尤详，兹不具引。

《论语》：孔子曰：“吾少也贱，故多能鄙事。”《孟子》曰：“孔子尝为委吏矣，曰：‘会计当而已矣。’尝为乘田矣，曰：‘牛羊茁壮长而已矣。’”《史记·孔子世家》曰：“孔子贫且贱。及长，尝为季氏吏，料量平；尝为司职吏，而畜蕃息。”赵岐《孟子注》以委吏主委积仓库之吏；乘田苑囿之吏，主六畜之刍牧者。盖孔子蚤年尝为卑官，亦惟勤其职务而已。

《世家》叙孔子丧母，在十七岁以前。马骕《先圣年谱》以孔子母卒时，孔子已二十四岁矣。《檀弓》载孔子合葬其母于防曰：

> 孔子少孤，不知其墓。殡于五父之衢。人之见之者，皆以为葬也。其慎也，盖殡也。问于陬曼父之母，然后得合葬于防。

《史记》据此文曰：

> 孔子母死，乃殡五父之衢，盖其慎也。陬人輓父之母，诲孔子父墓，然后往合葬于防焉。

《史记正义》谓“慎足〔谓〕以绋引棺就殡所也”。江永以马迁误读《檀弓》文，而为之辨曰：

> 此章为后世大疑，本非记者之失，由读者不得其句读、文法而误也。近世高邮孙邃人护〔濩〕孙著《檀弓论文》，谓“不知其墓殡于五父之衢”十字当连读为句，

甚有理。盖古埋棺于坎为殡，殡浅而葬深。孔子父墓，实浅葬于五父之衢，因少孤不得其详。不惟孔子之家以为已葬，即道旁见之者，亦皆以为已葬。至是母卒，欲从周人合葬之礼，卜兆于防，惟以父墓浅深为疑，如其殡而浅也，则可启而迁之；若其葬而深也，则疑体魄已安，不可轻动。'其慎也'，盖谓夫子再三审慎，不敢轻启父墓也。后乃知其果为殡而非葬，由问于郰曼父之母而知之。盖唯郰曼父之母，能道其殡之详，是以信其言，启殡而合葬于防。"盖殡也"，当在"问于郰曼父之母"句下，因属文欲作倒句，故置其上。如此读之，可为圣人释疑，有裨《礼经》者不浅。(《乡党图考》)

《檀弓》又曰：

孔子既得合葬于防，曰："吾闻之：古也墓而不坟。今丘也，东西南北之人也，不可以弗识也。"于是封之，崇四尺。孔子先反，门人后，雨甚。至，孔子问焉，曰："尔来何迟也？"曰："防墓崩。"孔子不应。三，孔子泫然流涕曰："吾闻之：古不修墓。"

观《檀弓》记合葬于防之事，孔子颇酌古今之礼而为之制，亦既有门人矣，且自谓为"东西南北之人"。度孔子其时年非甚少，大抵在三十岁前后，《家语》之说近之。孔子早丧父，受母之鞠育。《檀弓》又记其终丧之情曰：

> 孔子既祥，五日，弹琴而不成声，十日而成笙歌。

按：此之“祥”者，殆是大祥。孔子既终三年之丧，而犹不胜其悲哀之情，终乃能节之以礼也。

第四章　观　周

孔子最好学。至其晚年，尝自述曰："吾十有五而志于学，三十而立，四十而不惑，五十而知天命，六十而耳顺，七十而从心所欲，不踰矩。"虽终身乾乾不息，大抵自十五至三十，尤一意为学；四十以下，则学成矣。然孔子所学何事，当时固有以为问者。

> 卫公孙朝问于子贡曰："仲尼焉学？"子贡曰："文武之道，未坠于地，在人。贤者识其大者，不贤者识其小者，莫不有文武之道焉。夫子焉不学？而亦何常师之有？"（《论语·阳货》）

仲尼虽无所不学，而其所识尤在文武之道。朱子《集注》曰："文武之道，谓文王、武王之谟训功烈，与凡周之礼乐文章皆是也。"（近日井研廖平《今古学考》，亦谓孔子早年从周。）固无常师，然实有所从受学之人。鲁昭公十七年，郯子来朝，公与之宴，昭子与问答黄帝、太皞以来名官之故甚悉，仲尼慕而学焉。《左传》记其事曰：

> 仲尼闻之，见于郯子而学之。既而告人曰："吾闻之：'天子失官，学在四夷。'犹信。"

杜预《注》谓孔子时年二十八。《疏》云："孔子称'学在四夷'，疾时学废也。郯，少皞之后，以其世则远，以其国则小矣。鲁，周公之后，以其世则近，以其国则大矣，然其礼不如郯。故孔子发此言也。"盖官为礼事，孔子学于郯子，非仅问官，兼学礼也。自古以来，及文、武当世之礼，皆在所考。故有"天子失官"之叹。

朱子谓"文武之道"为谟训功烈、礼乐文章，盖孔子蚤年，殆尤致意于礼。《左传·昭公七年》曰：

> 九月，公至自楚。孟僖子病，不能相礼，乃讲学之，苟能礼者从之。及其将死也，召其大夫，曰："礼，人之干也。无礼无以立。吾闻将有达者，曰孔丘，圣人之后也……臧孙纥有言曰：'圣人有明德者，若不当世，其后必有达人。'今其将在孔丘乎？我若获没，必属说与何忌于夫子，使事之而学礼焉，以定其位。"故孟懿子与南宫敬叔师事仲尼。

按：孟僖子卒，在昭公二十四年癸未二月，孔子时三十五岁，于是孟懿子与南宫敬叔始来从学。先是孔子三十一岁之时，琴张已为弟子。《左传》曰：

琴张闻宗鲁死，将往弔之。仲尼曰："齐豹之盗，而孟縶之贼，女何弔焉？君子不食奸，不受乱，不为利疚于回，不以回待人，不盖不义，不犯非礼。"（《昭公二十年》）

盖孔子三十而立，学术已成，渐有弟子。及孟僖子二子来学，（说，即南宫敬叔；何忌，即孟懿子。）其名益彰。孔子因与敬叔适周。《史记·孔子世家》曰：

鲁南宫敬叔言于鲁君曰："请与孔子适周。"鲁君与之一乘车、两马、一竖子，俱适周问礼。

孔子适周之年，传者不一。《庄子·天运篇》，以孔子"行年五十有一而不闻道，乃南之沛，见老聃"。《庄子》多寓言，不可据。《孔子世家》则以适周之事，置于十七岁至二十岁之间；《水经注》亦以孔子十七岁适周。盖司马迁误解孟僖子卒，在孔子十七岁时。清阎若璩，始据《索隐》论定以为昭公二十四年，其说曰：

《孔子世家》载适周在昭公二十年，而孔子年二十。（《世家》叙适周在孔子三十岁前，未指何年。阎误。）《庄子》云孔子年五十一南见老聃，是为定公九年。《水经注》云孔子年十七适周，又为昭公七年。《索隐》谓孟僖子卒，南宫敬叔始事孔子，言于鲁君而后适周，则为昭公二十四年，当以此为是。《曾子问》："孔子曰：'昔者吾从老聃，助葬于巷党，及堩，日有食之。'"按《春秋》，惟昭公二十四年夏五月乙未朔日食，此即孔子从老聃问礼时也。他若昭二十年、定九年，皆不日食。昭七年虽日食，而敬叔尚未从孔子游，何由适周？

阎若璩说本《索隐》，而《索隐》又本贾逵《左传注》。阎氏以后，江永、狄子奇亦以孔子适周在昭二十四年，江永更考其时曰：

昭二十四年癸未二月，孟僖子卒。五月乙未朔日食。孔子适周，在敬叔学礼之后。而《曾子问》有吾从老聃助葬遇日食之事，则适周宜在此年三、四月间。（《乡党图考》）

孔子适周，将以问礼乐之事。虽在周未久，而所得甚闳。《史记·孔子世家》及《老庄申韩列传》，记孔子问礼于老聃；《礼记·曾子问》孔子称"吾闻诸老聃"者，凡四见焉。《孔丛子·嘉言篇》，言孔子访乐于苌弘。《孔丛》伪书不可据，然《礼记·乐记》，实有"闻诸苌弘"之语。故知孔子适周，于礼、乐皆有所问也。《孔子世家》载老聃送孔子之语曰：

吾闻富贵者送人以财，仁人者送人以言。吾不能富贵，窃仁人之号，送子以言。曰："聪明深察而近于死者，好议人者也。博辩广大危其身者，发人之恶者也。为人子者，毋以有己；为人臣者，毋以有己。"

《老庄申韩列传》曰：

孔子适周，将问礼于老子。老子曰："子所言者，其人与骨皆已朽矣，独其言在耳。且君子得其时则驾，不得其时，则蓬累而行。吾闻之，良贾深藏若虚；君子盛德，容貌若愚。去子之骄气与多欲、态色与淫志，是皆无益于子之身。吾所以告子，若是而已。"

孔子去，谓弟子曰："鸟，吾知其能飞；鱼，吾知其能游；兽，吾知其能走。走者可以为罔，游者可以为纶，飞者可以为缯。至于龙，吾不知其乘风云而上天。吾今日见老子，其犹龙耶！"

孔子适周，实与南宫敬叔俱。《论语》称南宫适："君子哉若人！尚德哉若人！"孔安国注以适即敬叔，或曰南容亦即敬叔也。敬叔盖早年弟子中之贤者矣。

崔述《洙泗考信录》以孔子及老聃问答，为杨朱之徒所伪记，且谓敬叔在衰绖中，不应适周。疑其事非实。然老聃之名，数见《礼记》；孔子适周观太庙，见周庙欹器及金人铭等，著于《荀子·宥坐》《淮南子·道应训》《韩诗外传》《说苑·敬慎》《家语·三恕》《观周》等书，则亦未可谓尽诬也。自周还鲁，而孔子名声日高，门从日众。《史记·孔子世家》所谓“孔子自周返于鲁，弟子稍益进焉”是也。（大抵在昭公二十五年。）

第五章　适　齐

昭公二十五年，孔子方自周返鲁，而鲁国复有内乱，昭公出奔齐。孔子亦于是时如齐，于是孔子年三十六矣。先是，齐景公与晏婴来鲁，尝与孔子周旋，《史记·孔子世家》曰：

> 齐景公与晏婴来适鲁，景公问孔子曰："昔秦穆公国小处辟，其霸何也？"对曰："秦，国虽小，其志大；处虽辟，行中正。身举五羖，爵之大夫，起累绁之中，与语三日，授之以政。虽王可也，其霸小矣。"景公说。

又《齐世家》曰：

> 景公二十六年，猎鲁郊，因入鲁，与晏婴俱问鲁礼。

齐景公二十六年即鲁昭公二十年，孔子年三十一。江永《乡党图考》以《左传》明言是年景公田沛，且齐侯来《春秋》何以不书，恐无此事。今从《史记》。

《家语·致思》言孔子适齐，途中遭丘吾子。此事本《韩诗外传》九（作皋鱼）及《说苑·敬慎》。又《正论解》记孔子适齐，遭妇人野哭。此事本《檀弓下篇》，然别不云适齐事，不省《家语》更有所据否耳。

孔子在齐，景公问以政事。《论语》曰：

> 齐景公问政于孔子，孔子对曰："君君，臣臣，父父，子子。"公曰："善哉！信如君不君，臣不臣，父不父，子不子，虽有粟，吾得而食诸？"（《颜渊》）

孔安国以是时陈恒制齐，故孔子以此对。翟灏《四书考异》曰："孔子对景公八字，亦非无本。《国语》（《晋语四》）晋勃鞮曰：'君君臣臣，是谓明训。'称曰'明训'，必周先王之典训也。"景公甚服孔子之说，将大用孔子，晏婴沮之。《墨子·非儒下篇》曰：

> 齐景公问晏子曰："孔子为人何如？"晏子不对。公又复问，不对。景公曰："以孔某语寡人者众矣，俱以贤人也。今寡人问之而子不对，何也？"
>
> 晏子对曰："婴不肖，不足以知贤人。虽然，婴闻所谓贤人者，入人之国，必务合其君臣之亲，而弭其上下之怨。孔某之荆，知白公之谋，而奉之以石乞，

君身几灭，而白公僇。婴闻贤人得上不虚，得下不危，言听于君必利人，教行下必于上。是以言明而易知也，行易而从〔行明而易从〕也，行义可明乎民，谋虑可通乎君臣。今孔某深虑同谋以奉贼，劳思尽知以行邪，劝下乱上，教臣杀君，非贤人之行也。入人之国，而与人之贼，非义之类也。知人不忠，趣之为乱，非仁义之也。逃人而后谋，避人而后言，行义不可明于民，谋虑不可通于君臣。婴不知孔某之有异于白公也，是以不对。”景公曰：“呜呼！贶寡人者众矣。非夫子，则吾终身不知孔某之与白公同也。”

孔某之齐，见景公，景公说，欲封之以尼谿，以告晏子。晏子曰：“不可！夫儒，浩居而自顺者也，不可以教下；好乐而淫人，不可使亲治；立命而怠事，不可使守职；宗丧循哀，不可使慈民；机服勉容，不可使导众。孔某盛容修饰以蛊世，弦歌鼓舞以聚徒，繁登降之礼以示仪，务趋翔之节以劝众。儒学不可使议世，劳思不可以补民，累寿不能尽其学，当年不能行其礼，积财不能赡其乐。繁饰邪术，以营世君；盛为声乐，以淫遇民。其道不可以期世，其学不可以导众。今君封之，以利齐俗，非所以导国先众。”公曰：“善。”于是厚其礼，留其封，敬见而不问其道。孔乃恚怒于景公与晏子，乃树鸱夷子皮于田常之门，告南郭惠子以所欲为，归于鲁。

有顷，间齐将伐鲁，告子贡曰："赐乎，举大事于今之时矣。"乃遣子贡之齐，因南郭惠子以见田常，劝之伐吴，以教高、国、鲍、晏，使毋得害田常之乱，劝越伐吴。三年之内，齐、吴破国之难，伏尸以言术数，孔某之诛也。

《孔子世家》与《晏子春秋》（外篇八），皆记晏子沮孔子之事，而《墨子》文尤详。马骕《绎史》曰："此等本墨氏非儒谤圣之言，不宜入《晏子》书中，而太史公又信之，亦误矣。"崔述《洙泗考信录》亦疑此事。然孔子实因不见用于齐而行，今以《论语》《吕览》证之。

齐景公待孔子，曰："若季氏则吾不能，以季孟之间待之。"曰："吾老矣，不能用也。"孔子行。（《论语·微子》）

孔子见齐景公，景公致廪丘以为养，孔子辞不受，入谓弟子曰："吾闻君子当功以受禄。今说景公，景公未之行而赐之廪丘，其不知丘亦甚矣。"令弟子趣驾，辞而行。（《吕氏春秋·离俗览·高义》）

《吕览》所载，又见于《淮南子·氾论训》及《说苑·立节》。皇侃《论语疏》谓景公初虽言待之于季孟之间，而末又悔，故自托“吾老”，不复用孔子也。朱子《集注》则谓此言必非面语孔子，盖自以告其臣而孔子闻之尔。此孔子去齐之大略也。

孔子在齐，《历聘纪年》以为留七年，马骕、江永以为一年。狄子奇尝辨《历聘纪年》之误曰：

> 愚按《历聘纪年》，盖因误读《史记·世家》而云然。《世家》云“反乎鲁，孔子年四十二，鲁昭公卒于乾侯”。“年四十二”句，与下句连读，非谓反鲁时四十二岁也。凡以甲申适齐、辛卯反鲁者，皆非是。（《孔子编年》卷二）

马骕、江永皆以孔子在齐一年。江永曰：

> 按《孟子》言“未尝有所终三年淹”而《历聘纪年》谓“留齐七年”，非也。昭二十七年，吴季札聘上国，反于齐，子死嬴博间，而夫子往观葬。盖自鲁往观，嬴博间近鲁境也。然则在齐不过一年耳。（《乡党图考》）

或曰嬴、博本齐之二邑名，则孔子观葬或是自齐往观，非必还鲁后之事也，今附录其事于此。《檀弓下篇》曰：

延陵季子适齐，于其反也，其长子死，葬于嬴博之间。孔子曰："延陵季子，吴之习于礼者也。"往而观其葬焉。其坎深不至于泉，其敛以时服。既葬而封，广轮揜坎，其高可隐也。既封，左袒，右还其封，且号者三，曰："骨肉复归于土，命也。若魂气则无不之也，无不之也。"而遂行。孔子曰："延陵季子之于礼也，其合矣乎！"

第六章　用　鲁

昭公二十二年，公薨于乾侯，时孔子年四十二，于是定公立。定公五年六月，季平子卒，其子季桓子嗣立，季氏家臣阳虎专鲁政。孔子恶之，遂绝意政治，退修诗书。《史记》曰：

鲁自大夫以下皆僭，离于正道，故孔子不仕，退而修《诗》《书》《礼》《乐》，弟子弥众，至自远方，莫不受业焉。

阳虎闻孔子名声，欲与之周旋。见于《论语》《孟子》：

阳货欲见孔子，孔子不见，归孔子豚。孔子时其亡也，而往拜之，遇诸涂。谓孔子曰："来！予与尔言。曰：怀其宝而迷其邦，可谓仁乎？"曰："不可。""好从事而亟失时，可谓知乎？"曰："不可。""日月逝矣，岁不我与。"孔子曰："诺。吾将仕矣。"（《论语·阳货》）

阳货欲见孔子，而恶无礼。大夫有赐于士，不得受

于其家，则往拜其门。阳货瞰孔子之亡也，而馈孔子蒸豚。孔子亦瞰其亡也，而往拜之。（《孟子·滕文公下》）

孔安国《论语注》："阳货，阳虎也。季氏家臣，而专鲁国之政。"朱子《集注》因之。然则《春秋》三《传》所称"阳虎"即《论语》《孟子》所称"阳货"，自无可疑。崔述《洙泗考信录》独谓阳货与阳虎各为一人，此不足据也。

于是阳虎益恐。先是，季寤、公鉏、公山不狃，皆不得志于季氏。至是，虎遂与季寤、叔孙辄等共谋废三桓。事起而成宰公敛处父，帅成人与阳虎战，卒败之。阳虎奔讙、阳关以叛。详见《左传·定公八年传》。其间有公山不狃召孔子之事，然《论语》与《史记》所载不同。

公山弗扰以费畔，召，子欲往。子路不说，曰："末之也已，何必公山氏之之也？"子曰："夫召我者而岂徒哉？如有用我者，吾其为东周乎？"（《论语·阳货》）

定公九年，孔子年五十。公山不狃以费畔，季氏使人召孔子，孔子欲往。（《史世·孔子世家》）

按："弗扰"即"不狃"。孔安国《论语注》："弗扰为季氏宰，与阳虎共执季桓子而召孔子。"邢昺《疏》谓弗扰召孔子，在定公五年九月阳虎幽闭季桓子之时。朱子亦同此说。惟《史记》独以公山不狃以费畔在定公九年，是季氏召孔子也。翟灏《四书考异》申《史记》以释《论语》曰：

按：《左传》《史记》，各与《论语》事不同。《左传》之畔在定公八年，时公山不狃虽未著畔迹，而与季寤等共困阳虎，则季氏亦已料其畔矣，因于次年，使人召孔子图之。孔子未果往，而不狃盘踞于费，季氏无如之何也。十二年，孔子为鲁司寇，建堕费策。不狃将失所倚恃，遂显与叔孙辄，袭犯鲁公。孔子亲命申句须、乐颀伐之，公室以之平。季氏之召，终亦以应之矣。如此说之，则《左》《史》两家所载得以相通，而于事理亦可信。《论语》“召”字上原无主名，旧解惟推测子路语，谓是公山氏召。实大误也。揆子路语意，当介介于季氏之平素劣迹，而云“何必因公山氏之之”，以从畔伐畔也。上“之”谓往，下“之”谓季氏。所书经屡写，句内偶脱一字，乃致与《左》《史》文若矛盾耳。

学者多疑此事，且考其年代，尤多异说。崔述、赵翼并力主无其事，姑录《陔馀丛考》之说于下：

《史记》公山不狃本之《左传》，小司马《注》引邹氏曰："狃，一作蹂。"《论语》作"弗扰"。是《论语》之公山弗扰，即《左传》之公山不狃也。《左传·定公五年》，季桓子行野，公山不狃为费宰，出劳之，桓子敬之，而家臣仲梁怀不敬，不狃乃嗾阳虎逐之。是时不狃但怒怀而未怨季氏也。定公八年，季寤、公鉏极、公山不狃皆不得志于季氏，叔孙辄无宠于叔孙氏，叔仲志又不得志于鲁，故五人因阳虎欲去三桓，将享桓子于蒲圃而杀之。桓子以计入于孟氏，孟氏之宰公敛处父，帅兵败阳虎。阳虎遂逃于讙、阳关以叛，季寤亦逃而出。是时不狃虽有异志，然但阴构阳虎发难，而已实坐观成败于旁。故事发之后，阳虎、季寤皆逃，而不狃安然无恙，盖反形未露也，则不得谓之"以费叛"也。

至其以费叛之岁，则在定公十二年。仲由为季氏宰，将堕三都，叔孙先堕郈，季孙将堕费，于是不狃及叔孙辄帅费人以袭鲁。公与三子入于季氏，登武子之台。费人攻之，弗克。仲尼命申句须、乐颀下伐之，费人北，国人追之，败诸姑蔑，不狃及辄奔齐，遂堕费。此则不狃之以费叛也。而是时孔子已为司寇，方助公，使申句须等伐而逐之，岂有欲赴其召之理？《史记》徒以《论语》有"孔子欲往"之语，遂以其事附会在定公八年阳虎作乱之下。不知未叛以前召孔子，容或有之，然不得谓之以费叛而召也；既叛以后，则孔子方为司寇，断无召而欲往之事也。世人读《论语》，童而习之，遂深信不疑，而不复参考《左传》，其亦陋矣。

王鏊《震泽长语》又谓："不狃以费叛，乃叛季氏，非叛鲁也。孔子欲往，安知不欲因之以张公室？因引不狃与叔孙辄奔吴后，辄劝吴伐鲁，不狃责其不宜以小故覆宗国，可见其心尚欲效忠者，以见孔子欲往之故。"此亦曲为之说。子路之堕费，止欲张公室。而不狃即据城以抗，此尚可谓"非叛鲁"乎？盖徒以其在吴时有"不忘故国"之语而臆度之，实未尝核对《左传》年月，而推此事之妄也。

战国及汉初人书，所载孔子遗言轶事甚多。《论语》所记，本亦同此记载之类，齐、鲁诸儒讨论而定，始谓之《论语》。"语"者，圣人之遗语；"论"者，诸儒之讨论也。于杂记圣人言行真伪错杂中，取其纯粹以成此书，固见其有识，然安必无一二滥收者？固未可以其载在《论语》，而遂一一信以为实事也。《庄子·盗跖篇》有云：田常弑君窃国，而孔子受其币。夫陈恒弑君，孔子方请讨，岂有受币之理？而记载尚有如此者。《论语》"公山不扰章"，毋亦类是？（《陔馀丛考》卷四）

凡诸疑者，大抵按其事不合《左氏》，又揆孔子平日所论，不宜欲赴公山氏之招，乃从而为之辞，以《论语》为不可信，又《史记》之说亦异。然是惟当传疑，不可强说也。其事或以为在定五年，或以为在九年，或以为在八年。其云五年、九年者，已见于前。八年之说出于郑环，而狄子奇《孔子编年》从之。此犹以为有其事，不过于年之先后，有异说耳。

阳虎既败，未几而孔子用于鲁。《史记·世家》曰：

> 其后定公以孔子为中都宰，一年，四方皆则之。由中都宰为司空，由司空为大司寇。

诸书记孔子为鲁司寇时事，比录于下（略以事为次）：

> 受命者必以其祖命之。孔子为鲁司寇，命之曰："宋公之子弗甫有孙鲁孔丘，命尔为司寇。"孔子曰："弗甫敦及厥辟，将不堪。"公曰："不妄。"（《韩诗外传》八）
>
> 仲尼将为司寇，沈犹氏不敢朝饮其羊，公慎氏出其妻，慎溃氏踰境而徙，鲁之粥牛马者不豫贾，必蚤正以待之者也。居于阙党，阙党之子弟罔不必分，有亲者取多，孝悌以纪〔化〕之也。（《荀子·儒效》）
>
> 孔子始用于鲁，鲁人鹥诵之曰："麛裘而韠，投之

无戾。鞞而麛裘，投之无邮。”用三年，男子行乎涂右，女子行乎涂左，财物之遗者，民莫之举。（《吕览·先识览·乐成》）

孔子为鲁司寇，道不拾遗，市贾不豫贾，田渔皆让长，而斑白不负戴，非法之所能致也。（《淮南子·泰族训》）

孔子为鲁司寇，听狱必师断，敦敦然皆立，然后君子进曰：“某子以为何若，某子以为云云。”又曰：“某子以为何若，某子曰云云。”辩矣，然后君子几当从某子云云乎。以君子之知，岂必待某子之云云，然后知所以断狱哉？君子之敬让也，文辞有可与人共之者，君子不独有也。（《说苑·至公》）

孔子为鲁司寇，有父子讼者，孔子拘之，三月不别。其父请止，孔子舍之。季孙闻之，不悦，曰：“是老也欺予。语予曰：‘为国家必以孝。’今杀一人以戮不孝，又舍之。”冉子以告。孔子慨然叹曰：“呜呼！上失之，下杀之，其可乎？不教其民而听其狱，杀不辜也。三军大败，不可斩也；狱犴不治，不可刑也，罪不在民故也。嫚令谨诛，贼也。今生也有时，敛也无时，暴也。不教而责成功，虐也。已此三者，然后刑可即也。《书》曰：‘义刑义杀，勿庸以即，予维曰未有顺事。’言先教也。故先王既陈之以道，上先服之；若不可，尚贤以綦之；若不可，废不能以单之；

綦三年而百姓往矣。邪民不从，然后俟之以刑，则民知罪矣。《诗》曰：'尹氏大师，维周之氐。秉国之均，四方是维。天子是庳，卑民不迷。'是以威厉而不试，刑错而不用，此之谓也。今之世则不然：乱其教，繁其刑，其民迷惑而堕焉，则从而制之，是以刑弥繁而邪不胜。三尺之岸而虚车不能登也，百仞之山任负车登焉，何则？陵迟故也。数仞之墙而民不踰也，百仞之山而竖子冯而游焉，陵迟故也。今夫世之陵迟亦久矣，而能使民勿踰乎？《诗》曰：'周道如砥，其直如矢。君子所履，小人所视。眷焉顾之，潸然出涕。'岂不哀哉！"《诗》曰："瞻彼日月，悠悠我思。道之云远，曷云能来。"子曰："伊稽首。不其有来乎？"（《荀子·宥坐》）

秋七月癸巳，葬昭公于墓道南。孔子之为司寇也，沟而合诸墓。（《左传·定公元年》）

先时季氏葬昭公于墓道之南，孔子沟而合诸墓焉，谓季桓子曰："贬君以彰己罪，非礼也。今合之，所以揜夫子之不臣。"（《家语·相鲁》。语本《左氏》，故并录之。）

原思为之宰，与之粟九百，辞。子曰："毋。以与尔邻里乡党乎！（《论语·雍也》。包咸注曰："孔子为鲁司寇，以原宪为家邑宰。）

要之，孔子用鲁，其政治上之大事，无过夹谷之会及堕三都二事，今分别述之。

先是，周室陵迟，号令不行，齐桓公、晋文公相继称霸，纠合诸侯，仍以同奖王室为号。齐自桓公以后中衰，于是晋之霸业久而不替，当时惟楚与晋争雄，而吴、越亦渐强。至是齐景公，欲兴桓公之遗业，乘晋之不竞，思得诸侯。定公七年，与郑伯盟于咸，与卫侯盟于沙泽。晋遂与三国有隙。鲁夙奉晋为盟主，乃不得不出侵齐之师。（八年）未几齐人亦来侵。鲁之力固非齐匹，定公十年，终至叛晋而与齐讲和，此所以有夹谷之会也。当是之时，齐思耀其威，欲执定公。谋有不臧，危辱立见。孔子于是试其外交之材。鲁国以安，孔子之力也。

夹谷之会，《左传》与《穀梁》记事多违，而《左传》较详，其定公十年《传》曰：

> 夏，公会齐侯于祝其，实夹谷，孔丘相。犁弥言于齐侯曰："孔丘知礼而无勇，若使莱人以兵劫鲁侯，必得志焉。"齐侯从之。孔丘以公退，曰："士兵之！两君合好，而裔夷之俘以兵乱之，非齐君所以命诸侯也。裔不谋夏，夷不乱华，俘不干盟，兵不逼好。于神为不祥，于德为愆义，于人为失礼，君必不然。"齐侯闻之，遽辟之。将盟，齐人加于载书曰："齐师出竟，而不以甲车三百乘从我者，有如此盟！"孔丘使兹无还揖

对曰："而不返我汶阳之田，吾以共命者亦如之！"齐侯将享公。孔丘谓梁丘据曰："齐、鲁之故，吾子何不闻焉？事既成矣，而又享之，是勤执事也。且牺象不出门，嘉乐不野合。享而既具，是弃礼也；若其不具，用秕稗也。用秕稗，君辱；弃礼，名恶。子盍图之？夫享，所以昭德也；不昭，不如其已也。"乃不果享。齐人来归郓、讙、龟阴之田。

按左氏所记，盖齐侯尝设三计以尝鲁君：始则机伏于兵力，而孔子挫之；继则巧附于载书，而孔子拒之；终则谋隐于设飨，而孔子尼之。方此会也，鲁国安危，间不容发，卒能消弭于无形，可见孔子外交之能力矣。

《穀梁传》所记与左氏微异，其文曰：

颊谷之会，孔子相焉。两君就坛，两相相揖。齐人鼓噪而起，欲以执鲁君。孔子历阶而上，不尽一等，而视归乎齐侯，曰："两君合好，夷狄之民，何为来为？"命司马止之。齐侯逡巡而谢曰："寡人之过也。"退而属其二三大夫曰："夫人率其君，与之行古人之道。二三子独率我而入夷狄之俗，何为？"罢会。齐人使优施舞于鲁君之幕下。孔子曰："笑君者罪当死。"使司马行法焉，首足异门而出。齐人来归郓、讙、龟阴之田者，盖为此也。

司马迁依据《穀梁传》，其词颇加润色：

定公十年春，及齐平。夏，齐大夫犁鉏言于景公曰："鲁用孔丘，其势危齐。"乃使使告鲁为好会，会于夹谷。鲁定公且以乘车好往。孔子摄相事，曰："臣闻有文事者必有武备，有武事者必有文备。古者诸侯出疆，必具官以从。请具左右司马。"定公曰："诺。"具左右司马。

会齐侯夹谷，为坛位，土阶三等，以会遇之礼相见，揖让而登。献酬之礼毕，齐有司趋而进曰："请奏四方之乐。"景公曰："诺。"于是旍旄羽袚、矛戟剑拨，鼓噪而至。孔子趋而进，历阶而登，不尽一等，举袂而言曰："吾两君为好会，夷狄之乐，何为于此？请命有司！"有司却之，不去，则左右视晏子与景公。景公心怍，麾而去之。有顷，齐有司趋而进曰："请奏宫中之乐。"景公曰："诺。"优倡侏儒，为戏而前。孔子趋而进，历阶而登，不尽一等，曰："匹夫而荧惑诸侯者，罪当诛！请命有司！"有司加法焉，手足异处。

景公惧而动，知义不若，归而大恐，告其群臣曰："鲁以君子之道辅其君，而子独以夷狄之道教寡人，使

> 得罪于鲁君，为之奈何?”有司进对曰：“君子有过则谢以质，小人有过则谢以文。君若悼之，则谢以质。”于是齐侯乃归所侵鲁之郓、汶阳、龟阴之田以谢过。（《孔子世家》）

孔子之于外交，直不用权术，而一秉正义。西谚有之曰：Honesty is the best policy。不其信与！儒者用正义，类迂阔远于事情，孔子独能使强邻内愧，转危为安，此所以为不可及也。

外患既宁，乃从事于内政，于是有堕三都之事。鲁自宣公以来，至成公、襄公、昭公、定公，皆权虚器，而实权则在季文子、季武子、季平子之手。及季平子卒，其子季桓子执政，实权又为其臣阳虎所持。孔子尝慨之曰：

> 禄之去公室五世矣，政逮于大夫四世矣，故夫三桓之子孙微矣。（《论语·季氏》）

孔子欲复公室之权，则不得不抑三桓。然其时三桓亦拥虚位，政在陪臣。三桓之专国，尚以其为鲁之公族也。至于陪臣专国，直非有所凭藉，即巧弄而窃据之。故将张皇公室，就当日之计，惟有先去陪臣之跋扈。于是孔子说定公及季桓子，立堕三都之策。推其情势，盖季孙、孟孙、叔孙三子皆居鲁之国都，其居城费、郈、成，皆陪臣所领，三子莫能制之。《左传》：昭公十二年，南蒯以费叛，征之连年不克。定公十年，侯犯以郈叛，一年之间再出师围之，不克。此可以见三都之强也。叔孙子论侯犯之乱曰：

> 郈非唯叔孙氏之忧，社稷之患也。（《左传·定公十年》）

夫三桓之所以能专政者，亦半由于三都之强。使三都失其强，则三桓之势，亦自然而减。故孔子堕三都之策，即以阴抑三桓之权。会三桓亦苦陪臣之不可制，深纳之而不疑。所谓“虽有智慧，不如乘势”，孔子虽用鲁日浅，亦足白儒者之效矣。

当时实权虽去三桓，然形式上犹为鲁国之执政，故孔子将行堕三都之策，不可不先得季孙氏之同意。若季氏有所疑，则其功不可就也。《公羊传》稍见其意，曰：

> 孔子行乎季孙，三月不违，曰：“家不藏甲，邑无百雉之城。”于是帅师堕郈，帅师堕费。

按：“三月不违”之语，又见［定公］十年齐人归田《传》。何休注曰：“孔子仕鲁，政事行乎季孙。三月之中，不见违过，是达之也。”盖季氏既重孔子，三月不违其策，然后以郈、费数叛之事问之。何休于此《传》注曰：“孔子曰：‘陪臣执国命，采长数叛者，坐邑有城池之固、家有甲兵之藏故也。’季氏说其言而堕之。故君子时然后言，人不厌其言。”是孔子已信于季氏，而后为此议也。三桓贵介公子，皆优柔易与。惟先去陪臣之强者，而徐以礼义约束三桓，则鲁公室之政可复，国力可得而盛也。于是孔子因使其门人中最有勇力之子路为季氏宰，以渐行其志焉。

《春秋·定公十二年》曰：

> 夏……叔孙州仇，帅师堕郈。……季孙斯、仲孙何忌，帅师堕费。……十有二月，公围成，公至自围成。

《左氏传》记其事曰：

> 仲由为季氏宰，将堕三都，于是叔孙氏堕郈。季氏将堕费，公山不狃、叔孙辄帅费人以袭鲁。公与三子入于季氏之宫，登武子之台。费人攻之，弗克。入及公侧，仲尼命申句须、乐颀下伐之，费人北。国人追之，败诸姑蔑，二子奔齐。遂堕费。将堕成，公敛处父谓孟孙：“堕成，齐人必至于北门。且成，孟氏之保障也；无成，是无孟氏也。子伪不知，我将不堕。”冬十二月，公围成，弗克。

堕三都之策，孔子援子路以行之，然其所以终于不成者，其故有三：

（一）子路不能从孔子之意而行。

子路使子羔为费宰。子曰："贼夫人之子。"子路曰："有民人焉，有社稷焉，何必读书，然后为学？"子曰："是故恶夫佞者。"（《论语·先进》）

鲁定公五年，公山不狃为费宰，见于《传》。至十二年奔齐，而费始无宰。然则子羔之举，当在季氏初堕费之后也。（崔述《洙泗考信录》二）

（二）季氏之对子路，信任不坚。

公伯寮愬子路于季孙，子服景伯以告，曰："夫子固有惑志于公伯寮，吾力犹能肆诸市朝。"子曰："道之将行也欤？命也。道之将废也欤？命也。公伯寮其如命何！"（《论语·宪问》）

景伯之告，孔子以道之行废言之，似不仅为子路发者。盖孔子为鲁司寇，子路为季氏宰，实相表里，子路见疑，即孔子不用之由。然则公伯寮之愬，当在孔子将去鲁之前也。（《洙泗考信录》二）

（三）公敛处父劝孟孙勿堕成。（已见前《传》）盖处父为成宰，阳虎既败以后，鲁陪臣之有实权者，处父而已。阳虎之败，处父实战而胜之，有大功。见既堕费、郈，将及于成，又微窥孔子将张公室之意，乃谓孟孙，堕成则孟氏势弱。故内外通谋，抗不欲堕。孟孙虽尝师事孔子学礼，然为一家之利害，固不能不动于处父之言。自是以后，政权卒移于孟氏，而季孙、叔孙二氏，浸以衰微矣。堕三都之策，未能奏其效者，不出以上之三者也。

《史记·孔子世家》谓定公十四年，孔子年五十六，由大司寇行摄相事。《荀子》亦称孔子为鲁摄相。然此事不见于《春秋》三《传》。崔述曰：

> 《孟子》及《春秋传》，孔子但为司寇，未尝为相。《公羊传》云："孔子行乎季孙，三月不违。"《孟子》曰："于季桓子，见行可之仕也。"然则是季孙为鲁相，而能行孔子之言耳，非孔子为鲁相也。春秋时无以"相"名官者，秉政之卿谓之"相某君"，非官之名可云"摄"。盖夹谷之会，当使上卿相礼，以孔子之知礼也，越次而使之，如狐偃之让赵衰者然，故或谓之"摄相"。传闻者不知，遂误以为"相国"之"相"耳。（《洙泗考信录》二）

《史记》称孔子摄相，诛乱政者少正卯，亦见于他书，则其传绝古。崔述之说，未可遽信也。《荀子》曰：

孔子为鲁摄相，朝七日而诛少正卯。门人进问曰："夫少正卯，鲁之闻人也。夫子为政而始诛之，得无失乎?"孔子曰："居！吾语汝其故。人有恶者五，而盗窃不与焉：一曰心达而险，二曰行辟而坚，三曰言伪而辩，四曰记丑而博，五曰顺非而泽。此五者有一于人，则不得免于君子之诛，而少正卯兼有之。故居处足以聚徒成群，言谈足以饰邪营众，强足以反是独立，此小人之桀雄也，不可不诛也。是以汤诛尹谐，文王诛潘止，周公诛管叔，太公诛华仕，管仲诛付里乙，子产诛邓析、史付，此七子者，皆异世同心，不可不诛也。"（《宥坐》）

诛少正卯事，又见于《尹文子》《说苑》诸书，《论衡·讲瑞》曰：

少正卯在鲁，与孔子并。孔子之门，三盈三虚，唯颜渊不去，颜渊独知孔子圣也。夫门人去孔子，归少正卯，不徒不能知孔子之圣，又不能知少正卯，门人皆惑。子贡曰："夫少正卯，鲁之闻人也。子为政，何以先之?"孔子曰："赐退，非尔所及。"

诛少正卯事，朱子以《论语》《左氏》不载，子思、孟子不言疑之。崔述《洙泗考信录》辨之尤力。要荀卿去孔子未远，此难臆定其无也。惟《史记》记事，固有自相矛盾者。按《十二诸侯年表》及《鲁世家》，并云孔子于定公十二年去鲁，《卫世家》则孔子于定公十三年已至卫。是定公十四年，孔子已不在鲁，安有摄相之事？即摄相事不虚，斯年月当有误，二者必居一于此矣。故崔述主孔子于定十一年去鲁，江永、狄子奇主孔子定十三年去鲁。今比录其说如下：

《史记·鲁世家》孔子去鲁在定公十二年，《孔子世家》在十四年。余按《春秋》，定公十二年夏，堕郈、堕费。《公羊传》云："孔子行乎季孙，三月不违。于是帅师堕郈，帅师堕费。"是《孟子》所云"见行可之仕"者，即此夏堕郈、堕费之时。既云"三月不违"，则三月以后，鲁固不用孔子矣。不用而祭，祭而行，月余日事耳。然则孔子之去鲁，当在定十二年秋冬之间。《孔子世家》误也。又《十二诸侯年表》去鲁在定十二年，与《鲁世家》合，当从之。（崔述《洙泗考信录》二）

《孔子世家》诛少正卯、三月大治、归女乐、去鲁、适卫，皆叙于定公十四年，非也。定十三年夏，有筑蛇渊囿、大蒐比蒲，皆非时劳民之事。使夫子在位而听其行之，则何以为夫子？考《十二诸侯年表》及《鲁世家》，皆于定十二年书女乐、去鲁事。《年表》及《卫世家》皆于灵公三十八年书孔子来，禄之如鲁。卫灵二十八，当鲁定十三。盖女乐事在十二、十三冬春之间，去鲁实在十三年春。鲁郊尝在春，故经不书。当以《卫世家》为正。夫子春去鲁，而夏筑蛇渊囿、大蒐比蒲，诸秕政即作。尤可见圣人在位之有裨也。（江永《乡党图考》）

《史记·孔子世家》以去鲁在定公十四年，《十二诸侯年表》及《鲁世家》则在十二年，皆失其实。《卫世家》灵公二十八年，孔子至卫，当鲁定公十三年，兹从之。（狄子奇《孔子编年》）

以上诸说，江永之说较详确。盖以孔子去鲁在定公十三年郊祭之后，在诸秕政未作以前。且尤有可证者。《孔子世家》谓“孔子之去鲁，凡十有四岁而反乎鲁”。按：孔子反鲁在哀公十一年，由以上溯孔子去鲁之年，正当定公十三年。故《卫世家》所记，最足据也。

至于孔子去鲁之故，有《论语》《孟子》二说：

齐人归女乐，季桓子受之，三日不朝。孔子行。（《论语·微子》）

孔子为鲁司寇，不用，从而祭，燔肉不至，不税

冕而行。（《孟子·告子下》）

盖孔子因堕三都之事不成，其他行事又渐违孔子意，故托于女乐、燔肉，为去鲁之机。

齐归女乐，又见《韩非子》：

仲尼为政于鲁，道不拾遗，齐景公患之。黎且谓景公曰："去仲尼犹吹毛耳。君何不迎之以重禄高位，遗哀公以女乐以骄荣其意？哀公新乐之，必怠于政。仲尼谏，谏而不听，必轻绝于鲁。"景公曰："善。"乃令黎且以女乐六遗哀公。哀公乐之，果怠于政。仲尼谏，不听，去而之楚。（《韩非子·内储说下》）

《晏子春秋·外篇》所记，与此略有同异。然齐归女乐是定公，非哀公；孔子适卫，非适楚，韩非误也。《史记·孔子世家》因韩非之词而益详，曰：

……齐人闻而惧，曰："孔子为政必霸，霸则吾地近焉，我之为先并矣。盍致地焉？"犁鉏曰："请先尝沮之，沮之而不可，则致地庸迟乎？"于是选齐国中女子好者八十人，皆衣文衣而舞康乐，文马三十驷，遗鲁君。陈女乐、文马于鲁城南高门外，季桓子微服往观再三，将受，乃语鲁君为周道游，往观终日，怠于政事。……

《孟子》曰："孔子去鲁，曰：'迟迟吾行也。'去父母国之道也。"《琴操》载孔子去鲁作《龟山操》，曰：

《龟山操》者，孔子所作也。齐人馈女乐，季桓子受之，鲁君闭门不听朝。当此时，季氏专政，上僭天子，下畔大夫，圣贤斥逐，谗邪满朝。孔子欲谏不得，退而望鲁。鲁有龟山蔽之，辟季氏于龟山，托势位于斧柯。季氏专政，犹龟山蔽鲁也。伤政道之陵迟，悯百姓不得其所，欲诛季氏，而力不能。于是援琴而歌云："予欲望鲁，龟山蔽之。手无斧柯，奈龟山何！"

陆贾《新语·慎微》曰：

孔子遭君暗臣乱，众邪在位，政道陷于三家，仁义闭于公门，故作《公陵》之歌，伤无权力于世。

《公陵歌》亦当作于去鲁时。然《琴操》多所附会，《新语》或出依托，虽不可尽信，姑著之以备参考。

第七章　适　卫

以上既说孔子以定公十三年去鲁，至哀公十一年而后返，盖周游天下十有四年，惟其时月不可瞭知。江永以为在春郊之后、夏蒐之前。《孔子世家》记孔子去鲁，宿乎屯，遂适卫。《论语》仪封人之见，则初入卫时事也。

> 仪封人请见，曰："君子之至于斯也，吾未尝不得见也。"从者见之。出，曰："二三子何患于丧乎？天下之无道也久矣，天将以夫子为木铎。"（《论语·八佾》）

郑玄注："仪，盖卫邑。"邢昺疏曰："以《左传》'卫侯入于夷仪'，疑与此是一，故云'盖卫邑'也。"阎若璩亦谓此盖孔子失鲁司寇，第一次至卫时事。以"丧"字考之，正合当时情事。狄子奇《孔子编年》因之。

> 子适卫，冉有仆。子曰："庶矣哉！"冉有曰："既庶矣，又何加焉？"曰："富之。"曰："既富矣，又何加焉？"曰："教之。"（《论语·子路》）

崔述《洙泗考信录》二，谓此似初至卫时之言。孔子入卫，观其政事，喟然叹曰：

鲁、卫之政，兄弟也。（《论语·子路》）

包咸注："鲁，周公之封。卫，康叔之封。周公、康叔既为兄弟，康叔睦于周公，其国之政，亦如兄弟。"以今考之，则"鲁、卫之政兄弟"，疑据当时而言。盖孔子不得志于鲁，去而适卫，见其政理紊乱，殆与鲁等，故深叹之。

孔子在卫，寓颜雠由家。

于卫主颜雠由。弥子之妻，与子路之妻兄弟也。弥子谓子路曰："孔子主我，卫卿可得也。"子路以告。孔子曰："有命。"（《孟子·万章上》）

孔子出处进退，一出于正。颜雠由盖孔子弟子，《史记》以为子路妻兄，非也。然周季汉初，颇有孔子因弥子瑕以干卫之说。如《吕氏春秋》曰：

孔子道弥子瑕，见釐夫人，因也。（《贵因》）

《淮南子·泰族训》《盐铁论·论儒》并记此事，小有同异，皆是传闻之误。孔子进退必于正，尤可以《论语》证之。

王孙贾问曰：“‘与其媚其〔于〕奥，宁媚于灶’，何谓也？”子曰：“不然。获罪于天，无所祷也。”（《八佾》）

王孙贾，卫大夫之有力者，孔子于词无所假，肯因弥子乎？或犹以子见南子为疑。《论语》曰：

子见南子，子路不悦。夫子矢之曰：“予所否者，天厌之！天厌之！”（《雍也》）

古来于此章颇有异说。孔安国曰：

旧以南子者，卫灵公夫人，淫乱而灵公惑之。孔子见之者，欲因以说灵公，使行治道。……行道既非妇人之事，而弟子不悦，与之咒誓，义可疑焉。（何晏《论语集解》引）

《论语》此章在《雍也》篇末，后人遂有因孔安国说，谓此章为采他书附益者。然孔氏所疑，在欲因南子说灵公使行治道而已。据《孔子世家》所载，则子见南子，实有不得已者。

> 灵公夫人有南子者，使人谓孔子曰："四方之君不辱欲与寡君为兄弟者，必见寡小君。寡小君愿见。"孔子辞谢，不得已而见之。夫人在絺帷中。孔子入门，北面稽首。夫人自帷中再拜，环珮玉声璆然。孔子曰："吾乡为弗见，见之礼答焉。"子路不悦。孔子矢之曰："予所不者，天厌之！天厌之！"

《集解》："栾肇曰：'见南子者，时不获已，犹文王之拘羑里也。'天厌之'者，言我之否屈，乃天命所厌也。'蔡谟曰：'矢，陈也。夫子为子路陈天命也。'"然则子见南子，非欲行道之意，"天厌"亦非咒誓之词。《史记》列此事在适陈之后、再反卫之时，疑亦系初至卫时事，故系之于此。

孔子至卫，灵公甚优遇之。《史记》曰：

> 卫灵公问孔子："居鲁得禄几何？"对曰："奉粟六万。"卫人亦致粟六万。（《孔子世家》）
>
> 灵公三十八年，孔子来，禄之如鲁。（《卫世家》）

《孟子》曰："孔子有际可之仕，……于卫灵公，际可之仕也。”盖灵公固非能知孔子者。《史记·孔子世家》记孔子以定公十四年初适卫，居十月去之；经匡难后又适卫，居月余又去之；经曹、宋、陈、郑、蒲，又返卫；未几赴晋，临河而还，又入于卫。盖在灵公之世，往返于卫者四。其去也各有其故，录之如下：

> 居顷之，或谮孔子于卫灵公。灵公使公孙余假一出一入。孔子恐获罪焉，居十月，去卫。将适陈。

右初去卫。

> 月余，返乎卫，主蘧伯玉家。……居卫月余，灵公与夫人同车，宦者雍渠参乘出，使孔子为次乘，招摇市过之。孔子曰：“吾未见好德如好色者也。”于是丑之，去卫，过曹。

右再去卫。

> 灵公老，怠于政，不用孔子。孔子喟然叹曰：“苟有用我者，期月而已，三年有成。”孔子行。……孔子既不得用于卫，将西见赵简子，至于河。

右三去卫。

反乎卫，入主蘧伯玉家。他日，灵公问兵陈。孔子曰："俎豆之事，则尝闻之；军旅之事，未之学也。"明日与孔子语，见蜚雁，仰视之，色不在孔子。孔子遂行，复如陈。

右四去卫。

以上惟问陈之事见于《论语》，且谓明日遂行，是最可信。《史记》记事，固多相违牾者，崔述考之最详。

《世家》孔子于灵公时，凡四去卫而再适陈，其二皆未出境而反。其初适陈也，以定公卒之岁，乃定公十五年。适宋，遭桓司马之难。至陈，主于司城贞子。盖本之于《孟子》。其再适陈也，以灵公卒之春，乃鲁哀公二年，而误以为三年，因灵公问陈而遂行。盖本之于《论语》。

余按《论语》《孟子》所记，乃一时事，《论语》记其去卫之故，而《孟子》叙其道路所经与在陈所主，非再去也。《世家》误分为二，遂谓孔子至陈，三岁而反乎卫，由卫而再适陈。此实不思定公卒之岁，距灵公之卒仅二年，而孔子居陈三岁，并曹、宋、郑、蒲之滞，及在卫临河之日计之，当不下四五年。如此则灵公之卒，固已久矣，尚安得问陈乎？其谬一也。

《论语》曰："子在陈，曰：'归与！归与！吾党之小子狂简，斐然成章，不知所以裁之。'"《孟子》曰："孔子在陈曰：'盍归乎来！吾党之士狂简，进取不忘其初。'"此两章亦一时之语，而所传异词。《世家》亦分为二，遂谓孔子凡两发叹，一属之初至陈，一属之再至陈。夫既思狂简而反卫矣，而又至陈奚为者？至陈而又思归以裁狂简，何其行止之无常乎！其谬二也。

过匡之役，以恐获罪而去，未出境也，无故而反。临河之役，无故而去，亦未出境也，闻窦鸣犊、舜华之死，不得已而后反。孔子之去就，若是之苟然而已乎？《孟子》曰："古之君子，言将行其言也，则就之；言弗行也，则去之。其次，迎之致敬以有礼，则就之；礼貌衰，则去之。"去果是也，则不当不召而自反。如可返也，则毋宁始之不去之为愈乎？而何为乎仆仆于道途而不惮其烦也？

且《世家》于定十四年适卫，而《年表》已于是年至陈；《世家》以定十五年遭宋桓魋之难，而《年表》乃在哀之二年；《世家》以哀六年再反卫，而《年表》乃在十年；《世家》自陈反卫、自卫复至陈之事，《年表》皆无之。即其所自为说，已自改之，而学者反皆遵之，谓孔子二至卫而三至陈，甚不可解也。

今取《孟子》过宋之文、《论语》问陈之事，合而为一；在陈之叹，《论语》《孟子》所记亦取而合之，则事理晓然明白：孔子并无由卫而再适陈、由陈而返卫之事矣。（《洙泗考信录》二）

至其去卫之年，虽无可考，然卫灵以哀二年夏卒，则孔子之去，非定之末，即哀之初。《世家》所谓“鲁定公卒”之年去卫者近是。（同上）

《史记》之说，诚多有牴牾。大抵灵公之世，孔子自鲁至卫，至于问陈而后去，此较为可信。孔子以定十三年适卫，如从《世家》说于定公卒之年去卫，则留卫适三年，盖定公十五年卒也。卫灵公非贤君，孔子何为久滞于卫？殆门人中多卫人，又卫诸臣不乏贤才，故自鲁以外，孔子居卫最久。《论语》曰：

子言卫灵公之无道也，康子曰：“夫如是，奚而不丧？”孔子曰：“仲叔圉治宾客，祝鮀治宗庙，王孙贾治军旅，夫如是，奚其丧？”（《宪问》）

此盖孔子晚返鲁后之语，且数称蘧伯玉之君子，又主于其家。信夫卫之诸臣，不乏贤者也！

第八章 历 聘

《史记·孔子世家》以孔子四去卫。初去将适陈，遭匡难而反。又去卫，过曹；适宋，遭桓魋之难；适郑，至陈，居二年；过蒲，复反卫。至问陈而后去。然《世家》与《年表》多异，前章既已考定，故今断以孔子自鲁适卫，及去卫而后历聘诸侯，自定公十三年去鲁，居卫不过三年；至哀公十一年，复由卫还鲁，此十年间，皆历聘诸侯之日也。其间所遭，如桓魋之难、匡之难、陈蔡之难，以及佛肸之召、赴晋之志、楚昭王之聘，皆事之荦荦大者。惟其岁月，颇不可悉详，辄分别述之。《史记》所书既自相违，是以不尽采《史记》，略引他书为证。

（甲）桓魋之难

《史记》叙桓魋之难在匡之后，今据《孟子》叙在前。《孟子》曰：

> 孔子不悦于鲁、卫，遭宋桓司马，将要而杀之，微服而过宋。（《万章［上]》）

《孟子》首叙孔子不悦于鲁、卫，是去卫即遭桓司马之难可知。《论语》曰：

> 子曰："天生德于予，桓魋其如予何？"（《述而》）

盖孔子遭难之际，而不惑于天命如此。诸书往往有记其时之事者。

> 孔子过宋，与弟子习礼大树下。宋司马桓魋使人拔其树。去，适于野。（《艺文类聚》三十引《典略》。《太平御览》五百二十三引，略有异同。《史记》亦有此文。）

（乙）匡人之难

与桓魋之难相先后者，有匡人之难。

> 子畏于匡，曰："文王既没，文不在兹乎？天之将丧斯文也，后死者不得与于斯文也；天之未丧斯文也，匡人其如予何？"（《论语·子罕》）
>
> 子畏于匡，颜渊后。子曰："吾以女为死矣！"曰："子在，回何敢死！"（《论语·先进》）

匡难之事见于《庄子·秋水篇》《韩诗外传》六、《孔子世家》《说苑·杂言》等，《韩诗外传》曰：

孔子行，简子将杀阳虎，孔子似之，带甲以围孔子舍。子路愠怒，奋戟将下，孔子止之，曰："由，何仁义之寡裕也！夫诗书之不习，礼乐之不讲，是丘之罪也。若吾非阳虎，而以我为阳虎，则非丘之罪也，命也！我歌，子和若。"（孙星衍曰：当作"由歌，予和若"。）子路歌，孔子和之，三终而围罢。

按定公六年《左传》云："侵郑取匡……往不假道于卫"，是匡在郑东；"及还，阳虎使季、孟自南门入"，是匡在卫南。鲁虽取匡，势不能有，杜氏疑为归之鲁。《庄子》《荀子》皆以匡为宋邑，故桓魋之难与匡人之难，其事相类，其地相近。崔述以为"疑是一事，而传闻异词"，今仍分为二事。

（丙）佛肸之召

佛肸之召，惟见于《论语》及《孔子世家》，他书不见。故其在何时，莫能考定。《论语》曰：

佛肸召，子欲往。子路曰："昔者，由也闻诸夫子曰：'亲于其身为不善者，君子不入也。'佛肸以中牟畔，子之往也，如之何？"子曰："然，有是言也。不

曰坚乎？磨而不磷。不曰白乎？涅而不缁。吾岂匏瓜也哉，焉能系而不食？”（《阳货》）

“匏瓜”有二说：何晏以为瓠瓜，皇侃《疏》以为星名。或云末二语是夫子之戏言也。

（丁）孔子欲赴晋不果

《说苑》载孔子赴晋不果之事：

> 赵简子曰：“晋有泽鸣、犊犨，鲁有孔丘。吾杀此三人，则天下可图也。”于是乃召泽鸣、犊犨，任之以政而杀之。使人聘孔子于鲁，孔子至河，临水而观曰：“美哉！水洋洋乎！丘之不济于此，命也夫！”子路趋进曰：“敢问奚谓也？”孔子曰：“夫泽鸣、犊犨，晋国之贤大夫也。赵简子之未得志也，与之同闻见；及其得志也，杀之而后从政。故丘闻之：刳胎焚夭，则麒麟不至；干泽而渔，蛟龙不游；覆巢毁卵，则凤凰不翔。丘闻之：君子重伤其类者也。”（《权谋》）

此事又见《孔子世家》《琴操》《水经·河水注五》，文小有详略。《史记》“泽鸣、犊犨”作“窦鸣犊、舜华”，《琴操》作“窦鸣犊”，《水经注》作“鸣犊”。

（戊）过郑

诸书又记孔子过郑，有人相孔子之语。

> 夫子过郑，与弟子相失，独立郭门外。或谓子贡曰："东门有一人，其头似尧，其颈似皋繇，其肩似子产，然自要以下不及禹三寸，傫傫如丧家之狗。"子贡以告孔子。孔子喟然而笑曰："形状，末也。如丧家之狗，然哉乎！然哉乎！"（《白虎通·寿命》）

《韩诗外传》九记此事，以郑为卫，以或人为姑布子卿。又见于《孔子世家》《论衡·骨相篇》，文有异同。

（己）陈蔡之难

孔子厄于陈、蔡之间，其事见于《墨子·非儒》《庄子·让王》《秋水》《荀子·宥坐》《吕氏春秋·孝行览·慎人》《审分览·任数》《说苑·杂言》及《韩诗外传》七、《史记·孔子世家》《家语·在厄》《论衡》《风俗通》诸书。今独载《荀子》，以其言出于儒家，较为可信也。其词曰：

> 孔子南适楚，厄于陈、蔡之间，七日不火食，藜羹不糂，弟子皆有饥色。子路进问之曰："由闻之：为善者天报之以福，为不善者天报之以祸。今夫子累德

积义，怀美行之日久矣，奚居之隐也？”

孔子曰：“由不识，吾语汝。汝以知者为必用耶，王子比干不见剖心乎？汝以忠者为必用耶，关逢龙不见刑乎？汝以谏者为必用耶，伍子胥不磔姑苏东门外乎？夫遇不遇，时也；贤不肖，材也。君子博学深谋，不遇时者多矣。由是观之，不遇世者众矣，何独丘哉！夫芷兰生于深林，非以无人而不芳。君子之学，非为通也，为穷而不困，忧而意不衰也，知祸福终始而心不惑也。夫贤不肖者，材也；为不为者，人也；遇不遇者，时也；死生者，命也。今有其人，不遇其时，虽贤，其能行乎？苟遇其时，何难之有？故君子博学深谋，修身端行，以俟其时。”

孔子曰：“由，居！吾语汝。昔晋公子重耳，霸心生于曹；越王句践，霸心生于会稽；齐桓公小白，霸心生于莒。故居不隐者思不远，身不佚者志不广，女庸安知吾不得之桑落之下？”（《宥坐》）

（庚）楚昭王欲用孔子不果

《说苑》曰：

楚昭王召孔子，将使执政，而封以书社七百。子西谓楚王曰：“王之臣用兵有如子路者乎？使诸侯有如宰予者乎？长管五官有如子贡者乎？昔文王处酆，武王处镐，酆、镐之间，百乘之地，伐上杀主，立为天子，世皆曰圣王。今以孔子之贤，而有书社七百里之地，而三子佐之，非楚之利也。”楚王遂止。(《杂言》)

《孔子世家》亦载此事。朱子颇疑“书社七百里”说，江永辨之曰：

《索隐》云：“古者二十五家为里，里各立社。‘书社’者，书其人名于籍。盖以七百里书社之人封孔子也。”然则此里非延长之里，朱子疑“书社七百里”无此理，愚谓此史迁属辞之不善耳。当云“书社七百”，如《左传》“书社五百”、《荀子》“书社三百”之云，则无疑矣。(《乡党图考》)

第九章　自卫反鲁

《史记·孔子世家》谓哀公六年孔子自楚反乎卫；然《卫世家》又谓出公八年孔子自陈入卫，《十二诸侯年表》同。出公八年，当鲁哀公十一年。《孔子世家》无自陈还卫之事，而推孔子自卫反鲁之事，亦在哀公十一年。岂孔子自灵公之末去卫，鲁哀公六年自楚反卫，中间又尝至陈，至于哀公十一年，又先入卫而后反鲁耶？盖皆在卫出公之世矣。《论语》曰：

> 冉有曰："夫子为卫君乎？"子贡曰："诺。吾将问之。"入曰："伯夷、叔齐何人也？"曰："古之贤人也。"曰："怨乎？"曰："求仁而得仁，又何怨？"出曰："夫子不为也。"（《述而》）

崔述《洙泗考信录》以此章为哀公六、七年间语，其说曰：

> 《春秋传》：哀公七年，公会吴于鄫，太宰嚭召季

康子，康子使子贡辞；冉求为季氏宰，及齐师战于郊。则是孔子至卫之后，二子自卫先归鲁也，或者二子知夫子之不为而遂去耶？然则此章问答，当在孔子反卫之初，哀公六、七年间。

《孔子世家》述于哀公六年后，曰：“是时卫君辄父不得立，在外，诸侯数以为让。而孔子弟子多仕于卫，卫君欲得孔子为政。”《论语》曰：

子路曰：“卫君待子而为政，子将奚先？”子曰：“必也正名乎！”子路曰：“有是哉，子之迂也！奚其正？”子曰：“野哉，由也！君子于其所不知，盖阙如也。名不正，则言不顺；言不顺，则事不成；事不成，则礼乐不兴；礼乐不兴，则刑罚不中；刑罚不中，则民无所措其手足。故君子名之必可言也，言之必可行也。君子于其言，无所苟而已矣！”（《子路》）

朱子《集注》，亦谓卫君为出公辄。是时出公不父其父而祢其祖，名实紊矣，故孔子以正名为先。又引胡氏之说曰：

卫世子蒯聩，耻其母南子之淫乱，欲杀之，不果而出奔。灵公欲立公子郢，郢辞。公卒，夫人立之，又辞。乃立蒯聩之子辄，以拒蒯聩。夫蒯聩欲杀母，得罪于父；而辄据国以拒父，皆无父之人也。其不可有国也明矣。夫子为政，而以正名为先，必将是其事之本末，告诸天王，请于方伯，命公子郢而立之，则人伦正、天理得，名正言顺而事成矣。（《论语集注》七）

王阳明曰：

卫君一心致敬尽礼，待夫子为政。夫子就先去，告天子、告方伯以之，岂人情耶？夫子既肯与之为政，必已是他倾心委国而听，夫子必有感动他处，使其知无父不可为君，他必能迎其父。蒯聩当此时，亦必感动底豫。蒯聩既豫，辄乃致国请戮。已见化于其子，又有夫子至诚和调其间，亦决不肯受。群臣百姓又必欲立辄而为君。辄于是自暴其恶，请于天子，告于方伯，而必欲致国于其父。聩与群臣百姓亦皆表辄悔悟仁孝之衷，请于天子，告于方伯，必欲立辄而为君。辄不得已，乃如后世上皇故事以尊聩，则君臣父子一举名正言顺矣。[①]

---

① 此节文字，《传习录·陆澄录》作：
“问：孔子正名，先儒说上告天子、下告方伯，废辄立郢。此意如何？”——转下页

按："正名"一语，马融以为正百事之名，郑玄以为正文字，宋儒以下则以为为辄而发。胡氏、王氏之说，益出于臆测，未能定其是否。然孔子固尝有仕出公之意，或宜有为而为之，《孟子》曰"孔子有公养之仕……于卫孝公，公养之仕也"是已。（《集注》："孝公，疑出公辄。"）

要之，孔子于卫出公之时至卫，及鲁哀公十一年，自卫反鲁。考哀公十一年，齐国书高无平帅师伐鲁，时孔子弟子冉求为季氏宰，与齐师战于郊，败之。是役也，樊迟亦在军，有战功。夏五月，哀公会吴王伐齐，甲戌吴师与齐师战于艾陵，大败之，获齐国书。于是子贡亦仕于叔孙氏，孔子高弟，多仕鲁者。《史记》记孔子之反鲁曰：

> 冉有为季氏将师，[与齐] 战于郎，克之。季康子

——接上页："先生曰：恐难如此。岂有一人致敬尽礼，待我而为政，我就先去废他，岂人情天理？孔子既肯与辄为政，必已是他能倾心委国而听。圣人盛德至诚，必已感化卫辄，使知无父之不可以为人，必将痛哭奔走，往迎其父。父子之爱，本于天性。辄能悔痛真切如此，蒯聩岂不感动底豫？蒯聩既还，辄乃致国请戮。聩已见化于子，又有夫子至诚调和其间，当亦决不肯受。仍以命辄。群臣百姓又必欲得辄为君。辄乃自暴其罪恶，请于天子，告于方伯诸侯，而必欲致国于父。聩与群臣百姓，亦皆表辄悔悟仁孝之美，请于天子，告于方伯诸侯，必欲得辄而为之君。于是集命于辄，使之复君卫国。辄不得已，乃如后世上皇故事，率群臣百姓尊聩为太公，备物致养，而始退复其位焉。则君君臣臣、父父子子，名正言顺，一举而可为政于天下矣。孔子正名，或是如此。"——编注

曰："子之于军旅，学之乎？性之乎？"冉有曰："学之于孔子。"季康子曰："孔子何如人哉？"对曰："用之有名，播之百姓，质诸鬼神而无憾。求之至于此道，虽累千社，夫子不利也。"康子曰："我欲召之，可乎？"对曰："欲召之，则毋以小人固之则可矣。"……会季康子逐公华、公宾、公林，以币迎孔子，孔子归鲁。孔子之去鲁，凡十四岁而反乎鲁。(《孔子世家》)

然孔子之反鲁，亦有不满于卫之故。《左传》曰：

冬，卫太叔疾出奔宋。初，疾娶于宋子朝。子朝出，孔文使疾出其妻而妻之。疾使侍人诱其初妻之娣置于犁，而为之一宫，如二妻。文子怒，欲攻之，仲尼止之。……孔文子之将攻太叔也，访于仲尼。仲尼曰："胡簋之事，则尝学之矣；甲兵之事，未之闻也。"退，命驾而行，曰："鸟则择木，木岂能择鸟？"文子遽止之曰："圉岂能度其私，访卫国之难也。"将止，鲁人以币召之，乃归。(《哀公十一年》)

孔子谓孔文子之语，与卫灵公问陈同，有疑为一事而传闻异辞者。《史记》谓孔子去鲁十四年而后反，自来学者，罕有异说。独狄子奇《孔子编年》，谓孔子定公十五年、哀公元年并在鲁，又哀公七年至九年亦在鲁，此后复游诸侯，至于十一年而还。其说亦有左证，具录如下，以备参考。

其谓孔子定公十五在鲁，则引《左传》为证：

十五年春，邾隐公来朝。子贡观焉。邾子执玉高，其容仰；公受玉卑，其容俯。子贡曰："以礼观之，二君者皆有死亡焉。夫礼，死生存亡之体也，将左右周旋，进退俯仰，于是乎取之；朝、祀、丧、戎，于是乎观之。今正月相朝，而皆不度，心已亡矣。嘉事不体，何以能久？高仰，骄也；卑俯，替也。骄近乱，替近疾，君为主，其先亡乎？"……夏五月壬申，公薨。仲尼曰："赐不幸言而中，是使赐多言者也。"

狄子奇附记曰：

此明是在鲁观之，在鲁言之，为孔子十四年反鲁明证。说者必谓子贡先反，而孔子在陈闻之，盖泥于《史记》"去鲁十四年"之说耳。不知《史记》前后错乱，不可胜数，固未可尽信也。

其谓哀公元年孔子居鲁，则引《国语》为证：

吴伐越，堕会稽，获骨焉，节专车。吴子使来好聘，且问之仲尼曰："无以吾命。"实发币于大夫，及仲尼，仲尼爵之。既彻俎而宴，客执骨而问之曰："敢问骨何为大？"仲尼曰："丘闻之：昔禹致群神于会稽之山，防风氏后至，禹杀而戮之，其骨节专车。此为大矣。"客曰："敢问谁守为神？"仲尼曰："山川之灵，足以纪纲天下者，其守为神；社稷之守为公侯，皆属于王者。"客曰："防风氏何守也？"仲尼曰："汪芒氏之君也，守封、隅之山者也，为漆姓。在虞、夏、商为汪芒氏，于周为长翟，今为大人。"客曰："人长之极几何？"仲尼曰："僬侥氏长三尺，短之至也。长者不过十尺，数之极也。"（《鲁语下》）

《左传》吴王夫差破越王句践于会稽，哀公元年。故狄子奇以元年孔子在鲁，且附记曰："此事又见《家语·辨物解》，亦云吴子使来聘于鲁，且问之仲尼。其为孔子居鲁决然无疑。乃《史记·世家》，与羵羊事类叙于定公五年，殊不可解。"云云。

今考狄子奇之说，其以哀公七、八、九年孔子在鲁，殊无确证。即如前举《左传》引孔子语，亦非可执为孔子在鲁之据；《国语》记事涉奇怪，似尤未足深信也。

第十章 慨 时

孔子自定公十三年去鲁，周游天下，畏于匡，遭桓魋之难，绝粮于陈、蔡，所为栖栖皇皇而不得已者，诚悯世之乱，欲有以救之也。《孟子》曰：

《传》曰："孔子三月无君，则皇皇如也。出疆必载贽。"（《滕文公［下］》）

盖孔子欲有所藉而行其道者如此。《韩诗外传》五曰：

孔子抱圣人之心，彷徨乎道德之域，逍遥乎无形之乡。倚天理，观人情，明终始，知得失，故兴仁义，厌势利，以持养之。于时周室微，王道绝，诸侯力政，强劫弱，众暴寡，百姓靡安，莫之纪纲，礼仪废坏，人伦不理，于是孔子自东自西，自南自北，匍匐救之。

孔子既汲汲以救世为志，而又尝自期其成功。

子曰："苟有用我者，期月而已可也，三年有成。"（《论语·子路》）

然孔子之行其道，其出处进退，又必依于礼义。

子贡曰："有美玉于斯，韫椟而藏诸？求善贾而沽诸？"子曰："沽之哉！沽之哉！我待贾者也。"（《论语·子罕》）

孔子盖为当世诸侯所倾重，故每入一国，辄能得其国情。

子禽问于子贡曰："夫子至于是邦也，必闻其政。求之与？抑与之与？"子贡曰："夫子温、良、恭、俭、让以得之。夫子之求之也，其诸异乎人之求之与？"（《论语·学而》）

孔子慨时之志，观于所引《论语》下数章可见。

子曰："道不行，乘桴浮于海。从我者其由与？"子路闻之喜。子曰："由也，好勇过我，无所取材。"（《公冶长》）

此章为孔子何年语，不可瞭知，然大抵发于历聘之时。

程子曰：

> 浮海之叹，伤天下之无贤君也。子路勇于义，故谓其能从己。皆假设之言耳。子路以为实然，而喜夫子之与己，故夫子美其勇，而讥其不能裁度事理以适于义也。（朱子《论语集注》）

“无所取材”一语，郑玄独以为“无所取材”者，无所取于桴材，以子路不解微言，故戏之耳。此亦可备一解。

> 子欲居九夷。或曰：“陋，如之何？”子曰：“君子居之，何陋之有？”（《论语·子罕》）

此亦孔子愤世之意。翟灏《四书考异》曰：“圣人旨在托意淑世，或遂谓将实居，其人未可与庄论也，故不复远申己意，而但即东夷戏言之。《山海经》云，海外东方有君子国，其人皆衣冠带剑，好让不争。子乃谓东方所居，能有如是之国，何可概谓其陋？此亦如桴材、匏瓜之答，不必以化夷为夏泥言。”

> 子曰：“凤鸟不至，河不出图，吾已矣夫！”（《子罕》）

邢昺《疏》谓此章言孔子伤时无明君也。

子在川上曰："逝者如斯夫！不舍昼夜。"(《子罕》)

《集注》以"川上"盖喻道体。然晋孙绰解曰："川流不舍，年逝不停。时已晏矣，而道不兴，所以忧叹也。"则亦孔子慨时之语矣。

第十一章　尊　隐

孔子周游天下，屡遇隐者，或受其讽谕。虽与孔子迹若有异，然孔子亦有时深寄其同情于隐者，不可不知也。《论语》曰：

> 微生亩谓孔子曰："丘何为是栖栖者与？无乃为佞乎？"孔子曰："非敢为佞也，疾固也。"（《宪问》）

朱子《集注》曰："亩名呼夫子，而辞甚倨，盖有齿德而隐者。"然则微生亩虽与孔子异趣，而孔子答辞甚恭，盖亦未尝轻之矣。

> 子路宿于石门。晨门曰："奚自？"子路曰："自孔氏。"曰："是知其不可而为之者与？"（《论语·宪问》）

观晨门之言，亦隐者之流也。

> 子击磬于卫。有荷蒉而过孔氏之门者，曰："有心

哉！击磬乎！”既而曰：“鄙哉硁硁乎！莫己知也，斯已而已矣。深则厉，浅则揭。”子曰：“果哉！末之难矣！”（《论语·宪问》）

此亦一隐者，谓孔子不为其已。孔子闻之，亦致慨于末俗之难为也。“斯已”唐石经作“斯己”。钱大昕《十驾斋养新录》曰：“今人读‘斯已而已’，两‘已’字皆如‘以’。考唐石经，‘莫己’、‘斯己’皆作‘人己’之‘己’，‘而已’作‘已止’之‘已’。《释文》：‘莫己，音纪，下斯己同。’与石经正合。《集解》：‘硁硁者，徒信己而已。’皇《疏》申之云：‘言孔子硁硁不肯随世变，然自信己而已矣。’是唐以前‘斯己’字皆不作‘止’解，由于经文作‘己’不作‘已’也。”按：朱子《集注》“斯已”之“已”，盖作“止”解矣。

楚狂接舆，歌而过孔子曰：“凤兮凤兮，何德之衰！往者不可谏，来者犹可追。已而已而，今之从政者殆而。”孔子下，欲与之言。趋而辟之，不得与之言。（《论语·微子》）

方观旭《论语偶记》曰：“案《战国策》，范睢对秦王曰：‘箕子、接舆，漆身而为癞，披发而为狂。’则不惟传其名，并传其行矣。战国去孔子未远，当足为据。”（《神仙传》以接舆姓陆名通，隐峨眉山。其说晚出，不足深据。）

孔子闻接舆之歌，欲下而与之言，则亦有取乎尔。

长沮、桀溺耦而耕。孔子过之，使子路问津焉。长沮曰：“夫执舆者为谁？”子路曰：“为孔丘。”曰：“是鲁孔丘与？”曰：“是也。”曰：“是知津矣。”问于桀溺。桀溺曰：“子为谁？”曰：“为仲由。”曰：“是鲁孔丘之徒与？”对曰：“然。”曰：“滔滔者天下皆是也，而谁以易之？且而与其从辟人之士也，岂若从辟世之士哉？”耰而不辍。

子路行以告。夫子怃然，曰：“鸟兽不可与同群。吾非斯人之徒与而谁与？天下有道，丘不与易也。”（《论语·微子》）

子路从而后，遇丈人，以杖荷蓧。子路问曰：“子见夫子乎？”丈人曰：“四体不勤，五谷不分，孰为夫子？”植其杖而芸。子路拱而立。止子路宿，杀鸡为黍而食之，见其二子焉。

明日，子路行。以告。子曰：“隐者也。”使子路反见之。至则行矣。子路曰：“不仕无义。长幼之节，不可废也；君臣之义，如之何其废之？欲洁其身，而乱大伦。君子之仕也，行其义也。道之不行，已知之

矣。”（同上）

孔子遇长沮、桀溺，而自叹当为“斯人之徒”，又使子路反见丈人。其于隐者，睠怀独深。

《论语·微子篇》，于楚狂接舆、长沮桀溺、荷蓧丈人三章后，次以二章：

逸民：伯夷、叔齐、虞仲、夷逸、朱张、柳下惠、少连。子曰：“不降其志，不辱其身，伯夷、叔齐与?”谓柳下惠、少连，“降志辱身矣。言中伦，行中虑，其斯而已矣”。谓虞仲、夷逸，“隐居放言。身中清，废中权。我则异于是，无可无不可”。

大师挚适齐，亚饭干适楚，三饭缭适蔡，四饭缺适秦，鼓方叔入于河，播鼗武入于汉，少师阳、击磬襄入于海。

此二章盖孔子遇隐之后，因尚论古之隐者而致其意。毛奇龄《论语稽求篇》曰：

大师挚诸乐官，是殷纣时人。旧引《汉书·礼乐志》曰：“殷纣断弃先祖之乐，乃作淫声，用变乱正声，以悦妇人。乐官师瞽，抱其器而犇散，或适诸侯，或入河海。”颜师古《注》以为即《论语》所记大师挚之属，是也。但志文此段，实本《尚书·泰誓》文，《史记》“乃作《太誓》，告于众庶”，即载此文，而《汉志》亦云此《书序》之言，则此明系《尚书》与《书序》之可据者。故董仲舒《对策》亦云：“纣逆天暴物，杀戮贤知。守职之人，皆奔走逃亡，入于河海。”而《古今人表》则以挚、干、僚〔缭〕、缺等八人，列于伯夷、叔齐之下、文王之上，则明是殷纣时人。而世多不解，只以适齐、适蔡，则周时国名，或用致疑。殊不知《尚书序》只言诸侯，不指定何地。而注《鲁论》者始以今地实诠之，师古所云“追系其地”是也。况齐、蔡诸地，本是旧名，在商时已有之，周但因其地而封国焉耳。

孔子对于古今隐者，本在心许之列。隐者之迹，或近于狂，或近于狷，故《论语》曰：

子曰：“不得中行而与之，必也狂狷乎！狂者进取，狷者有所不为也。”（《子路》）

《孟子》详释此章之意曰：

孔子“不得中道而与之，必也狂狷乎！狂者进取，狷者有所不为也”，孔子岂不欲中道哉？不可必得，故思其次也。……如琴张、曾皙、牧皮矣，孔子之所谓狂矣。……其志嘐嘐然，曰“古之人，古之人”，夷考其行而不掩焉者也。狂者又不可得，欲得不屑不洁之士而与之，是狷也。是又其次也。(《尽心》)

狂狷皆上所举隐者之流。《孟子》又以曾晳为狂，兹记《论语》孔子与点之语如左：

子路、曾皙、冉有、公西华侍坐。子曰：“以吾一日长乎尔，毋吾以也。居则曰：‘不吾知也。’如或知尔，则何以哉？”

子路率尔而对曰：“千乘之国，摄乎大国之间，加之以师旅，因之以饥馑，由也为之，比及三年，可使有勇，且知方也。”夫子哂之。

“求，尔何如？”对曰：“方六七十，如五六十，求也为之，比及三年，可使足民。如其礼乐，以俟君子。”

“赤，尔何如？”对曰：“非曰能之，愿学焉。宗庙之事如会同，端章甫愿为小相焉。”

“点，尔何如？”鼓瑟希，铿尔舍瑟而作，对曰：

"异乎三子者之撰。"子曰："何伤乎？亦各言其志也。"曰："莫春者，春服既成，冠者五六人，童子六七人，浴乎沂，风乎舞雩，咏而归。"夫子喟然叹曰："吾与点也！"（《先进》）

言志者同时有子路、冉有、公西华，而孔子独与曾皙，以其志近于狂与隐也。

子曰："贤者避世，其次避地，其次避色，其次避言。"子曰："作者七人矣。"（《论语·宪问》）

包咸解"作者七人"曰："作，为也。为之者凡七人。""七人"异说甚多，包氏则以为即长沮、桀溺、丈人、石门、荷蒉、仪封人、楚狂接舆；王弼则以为伯夷、叔齐、虞仲、夷逸、朱张、柳下惠、少连。独郑玄以"七"字为"十"字之误：伯夷、叔齐、虞仲，避世者；荷蓧、长沮、桀溺，避地者；柳下惠、少连，避色者；荷蒉、楚狂接舆，避言者也，共十人。所举人数虽不同，要皆隐者之流。至李侗始谓不知其谁何，必求其人以实之，则凿矣。

征诸孔子平日所论，亦颇有甘于隐遁而不求知之志。略举其证如后：

子曰："……人不知而不愠，不亦君子乎？"（《论语·学而》）

子曰："不患人之不己知，患不知人也。"（同上）

子曰："不患无位，患所以立；不患莫己知，求为可知也。"（《论语·里仁》）

子曰："不患人之不己知，患其不能也。"（《论语·宪问》）

子曰："君子病无能焉，不病人之不己知也。"（《论语·卫灵公》）

最后四章，其旨殆同，而文小异。朱子曰："凡章指同而文不异者，一言而重出也；文小异者，屡言而各出也。此章凡四见，而文皆有异，则圣人于此一事，盖屡言之。其丁宁之意，亦可见矣。"

孔子虽历聘诸侯，不得行其道，而无怨怼之意，益自修其德。

子曰："莫我知也夫！"子贡曰："何为其莫知子也？"子曰："不怨天，不尤人，下学而上达。知我者，其天乎！"（《论语·宪问》）

孔安国解"下学而上达"曰："下学人事，上知天命。"孔子晚年绝意当世之务，益观天人之际，以成其德。《论语》言处乱世之道尤详。

子曰："君子之于天下也，无适也，无莫也，义之与比。"（《论语·里仁》）

何晏解"无适无莫"曰："莫所贪慕也。"

子谓颜渊曰："用之则行，舍之则藏，惟我与尔有是夫。"（《论语·述而》）

孔子虽以拨乱反正为志，然亦因时行藏，无容心于用舍焉。

子曰："邦有道，危言危行；邦无道，危行言孙。"（《论语·宪问》）

宪问耻。子曰："邦有道，谷；邦无道，谷，耻也。"（同上）

子曰："笃信好学，守死善道。危邦不入，乱邦不居。天下有道则见，无道则隐。邦有道，贫且贱焉，耻也；邦无道，富且贵焉，耻也。"（《论语·泰伯》）

右皆明处乱世之道，且曰"无道则隐"，故孔子平日深与隐者也。

第十二章　孔子晚年上

《史记·孔子世家》曰："季康子逐公华、公宾、公林，以币迎孔子，孔子归鲁。"是哀公十一年冬也。江永《乡党图考》曰："《左传正义》引《孔子世家》云：'季康子使公叶、公宾、公林以币迎孔子。'是使三人迎孔子也。今本《世家》'叶'作'华'，脱一'公'字，又误'使'为'逐'耳。"

孔子返鲁之时，鲁之国势益陵夷不可为。哀公及季康子，虽礼重孔子，优以国老，位以大夫，卒莫能用其言。然故数从孔子问政，记之如下：

> 季康子问："仲由可使从政也与？"子曰："由也果，于从政乎何有？"曰："赐也可使从政也与？"曰："赐也达，于从政乎何有？"曰："求也可使从政也与？"曰："求也艺，于从政乎何有？"（《论语·雍也》）

季康子有用孔子门人之意，而先咨于孔子如此。

季康子问："使民敬、忠以劝，如之何？"子曰："临之以庄则敬，孝慈则忠，举善而教不能则劝。"（《论语·为政》）

季康子问政于孔子。孔子对曰："政者，正也。子帅以正，孰敢不正？"（《论语·颜渊》）

季康子患盗，问于孔子。孔子对曰："苟子之不欲，虽赏之不窃。"（同上）

季康子问政于孔子曰："如杀无道，以就有道，何如？"孔子对："子为政，焉用杀？子欲善而民善矣。君子之德风，小人之德草，草上之风必偃。"（同上）

右皆季康子问政之语。哀公亦尝问政于孔子，《论语》载其一章。

哀公问曰："何为则民服？"孔子对曰："举直错诸枉，则民服；举枉错诸直，则民不服。"（《为政》）

哀公于孔子，宜频有所咨启。《荀子》有《哀公篇》，与《大戴记·哀公问五义篇》略同；《大戴记》又有《哀公问于孔子篇》，与《小戴记·哀公问篇》略同，皆记孔子与哀公问答之词。《汉志》有《孔子三朝记》七篇，或以即是《大戴记》中《千乘》《四代》《虞戴德》《诰志》《小辨》《用兵》《少间》七篇也。今仅著《论语》一章，余并不复引。

已上所记季康子与哀公之问，皆是政理之原。至于一政举措，将见于事实，亦有以先询诸孔子者。《左传》曰：

季孙欲以田赋，使冉有访诸仲尼。仲尼曰："丘不识也。"三发，卒曰："子为国老，待子而行，若之何子之不言也?"仲尼不对，而私于冉有曰："君子之行也，度于礼：施取其厚，事举其中，敛从其薄。如是则以丘亦足矣。若不度于礼，而贪冒无厌，则虽以田赋，将又不足。且子季孙若欲行而法，则周公之典在；若欲苟而行，又何访焉?"（《哀公十一年》）

此事又出《国语》：

季康子欲以田赋，使冉有访诸仲尼。仲尼不对，私于冉有曰："求来！汝不闻乎？先王制土，籍田以力，而砥其远迩；赋里以入，而量其有无；任力以夫，而议其老幼。于是乎有鳏寡孤疾，有军旅之出则征之，无则已。其岁，收田一井，出稯禾、秉刍、缶米，不是过也。先王以为足。若子季孙欲其法也，则有周公之籍矣；若欲犯法，则苟而赋，又何访焉?"（《鲁语下》）

然季康子不从孔子之意，明年竟加田赋。（《春秋·哀公十六年》）于是孔子严责冉有。

季氏富于周公，而求也为之聚敛而附益之。子曰："非吾徒也，小子鸣鼓而攻之可也。"（《论语·先进》）

求也为季氏宰，无能改于其德，而赋粟倍他日。孔子曰："求非我徒也，小子鸣鼓而攻之可也。"（《孟子·离娄上》）

哀公问社于宰我，孔子亦以其答之不当而责之：

哀公问社于宰我。宰我对曰："夏后氏以松，殷人以柏，周人以栗，曰使民战栗。"子闻之曰："成事不说，遂事不谏，既往不咎。"（《论语·八佾》）

孔子之责宰我，与责冉有之意同，盖以仁政为本也。然方观旭独以此问有关于三桓。

斯时哀公与三桓有恶。观《左传》记公出逊之前，游于陵阪，遇武伯曰："余及死乎？"至于三问。是其杌棿不安，欲去三桓之心，已非一日。则此社主之问，与宰我之对，君臣密语，隐衷可想。又，社阴气，主杀。《甘誓》云："不用命，戮于社。"《大司寇》云：

“大军旅莅戮于社。”是宰我因社主之义，而起哀公威民之心，本非臆见附会。夫子责之曰：“成事不说，遂事不谏。”云成事、遂事，必指一事而言。缘哀公、宰我俱作隐语，谋未发泄，故亦不显言耳。其对立社之旨，本有依据。是以夫子置社主不论，但指其事以责之，盖已知公将不没于鲁也。（方观旭《论语偶记》）

方说近于附会。要之，孔子夙主仁政，故不以“战栗”之对为然。

哀公问于有若曰：“年饥，用不足，如之何？”有若对曰：“盍彻乎？”曰：“二，吾犹不足，如之何其彻也？”对曰：“百姓足，君孰与不足？百姓不足，君孰与足？”（《论语·颜渊》）

有若之说，盖有契于孔子“仁民”之意矣。当时孔子弟子多仕于鲁国，或特以德望为鲁人所尊。故政事兴革，有位者恒咨焉。

鲁人为长府。闵子骞曰：“仍旧贯，如之何？何必改作？”子曰：“夫人不言，言必有中。”（《论语·先进》）

翟灏《四书考异》曰："鲁人改作长府，因季氏恶昭公也。《左传·昭二十五年》：公居长府，伐季氏入之。孟氏、叔孙氏共逐公徒、公逊于齐。长府盖鲁君别馆，稍有积蓄扞御，可备骚警之所。季氏恶公恃此伐己，故于已事，率鲁人卑其闬闳，俾后此之为鲁君者，不复有所凭恃。其居心宁可问乎？闵子无谏诤之责，能为怨言讽之，则自与圣人强公弱私之心深有契矣。如此说经，似尤觉圣贤见义之大，含旨之深。罗氏《路史·禅通纪》曾旁论及是，而语焉未详，窃申而备之。"按：翟氏之说亦出臆测，殆改作则劳民伤财，而闵子言之耳。

孔子居鲁，朝政之得失，俱得与闻之。

冉子退朝。子曰："何晏也？"对曰："有政。"子曰："其事也。如有政，虽不吾以，吾其与闻之。"（《论语·子路》）

孔子虽尝闻国政，而非有大事，亦未尝辄言。

甲午，齐陈恒弑其君壬于舒州。孔丘三日齐，而请伐齐，三，公曰："鲁为齐弱久矣，子之伐之，将若之何？"对曰："陈恒弑其君，民之不与者半。以鲁之众，加齐之半，可克也。"公曰："子告季孙。"孔子辞，退而告人曰："吾以从大夫之后也，故不敢不言。"

（《左传·哀公十四年》）

陈成子弑简公。孔子沐浴而朝，告于哀公曰：“陈恒弑其君，请讨之。”公曰：“告夫三子！”孔子曰：“以吾从大夫之后，不敢不告也。君曰‘告夫三子’者。”之三子告，不可。孔子曰：“以吾从大夫之后，不敢不告也。”（《论语·宪问》）

邢昺《论语疏》曰：“之三子告，《传》无文者。《传》是史官所录，记其与君言耳。退后别告三子，惟弟子知之，史官不见其告，故《传》无文也。”然孔子告之之意，说者颇有异同。

程子曰：“《左氏》记孔子之言曰：‘陈恒弑其君，民之不与者半。以鲁之众，加齐之半，可克也。’此非孔子之言。诚若此言，是以力不以义也。若孔子之志，必将正名其罪，上告天子，下告方伯，而率与国以讨之。至于所以胜齐者，孔子之余事也，岂计鲁人之众寡哉？当是时，天下之乱极矣，因是足以正之，周室其复兴乎！鲁之君臣终不从之，可胜惜哉！”

胡氏曰：“春秋之法，弑君之贼，人得而讨之。仲尼此举，先发后闻，可也。”（《论语集注》）

程子及胡氏说，昔人有议之者。毛奇龄《论语稽求篇》曰：

> 鲁史记当时在朝问对，与《鲁论》所载相为表里。第“鲁为齐弱”一段，《论语》无之者，朝堂咨算，私记所略也。……若夫子所云“民之不与”，暨“以众加半”诸语，则正答鲁为齐弱一问。有解君之疑，振君之怯，忻君之利，诱君之瞻顾，而予以可恃。一举而数善备者，此正大圣人经术不迂阔处。夫君臣、主客，各有隔膜，在哀公强弱一问，较计彼此，此不必尽庸君退诿之言。设果欲兴师，则此时慎重，量己量敌，正非易事，必以三纲大义拒之。则不惟理势难辨，且于“子之伐之”一问，告东指西，不相当矣。人纵不谄君，亦何可使问答不相当如此。

据《左传》冉有之言，则孔子为鲁之国老；据《论语》，孔子自称“从大夫之后”，则位为大夫也。然孔子是时固无为政于鲁之志，惟时然后言，而专从事于删述之业矣。

第十三章　孔子晚年下（删述）

孔子晚年，从事删述《诗》《书》六艺之文。《史记·孔子世家》曰：

> 然鲁终不能用孔子，孔子亦不求仕。孔子之时，周室微而礼乐废，诗书缺。追迹三代之礼，序书传，上纪唐虞之际，下至秦缪，编次其事。曰："夏礼吾能言之，杞不足征也。殷礼吾能言之，宋不足征也。足，则吾能征之矣。"观殷夏所损益，曰："后虽百世可知也，以一文一质。周监二代，郁郁乎文哉！吾从周。"故书传、礼记自孔子。孔子语鲁太师："乐其可知也。始作翕如，纵之纯如、皦如、绎如也，以成。""吾自卫反鲁，然后乐正，雅颂各得其所。"古者《诗》三千余篇，及至孔子，去其重，取可施于礼义，上采契、后稷，中述殷、周之盛，至幽、厉之缺，始于衽席。故曰："《关雎》之乱以为风始，《鹿鸣》为小雅始，《文王》为大雅始，《清庙》为颂始。"三百五篇，孔子皆弦歌之，以求合《韶》《武》、雅颂之音。礼乐自此

可得而述，以备王道、成六艺。

《史记》所叙其自卫反鲁，及语鲁大师乐语，皆取之《论语》。然《论语》又记子曰："师挚之始，《关雎》之乱，洋洋乎盈耳哉！"此疑亦当时语。近江永《乡党图考》以《诗》不尽可施于礼义，或夫子未尝删《诗》。此殆出于臆说而已。

黄帝时已有史官，自黄帝以来，古之为书者三千余篇。《尚书纬》曰：

孔子求得黄帝玄孙帝魁之书，迄于秦穆公，凡二千二百四十篇。断远而定近，可以为世法者，百二十篇。以百二篇为《尚书》，十八篇为《中候》。

后世以《易》之《十翼》，盖孔子所作，孔子晚年尤好《易》也。

子曰："加我数年，五十以学《易》，可以无大过矣。"（《论语·述而》）

孔子晚而喜《易》。序《彖》《系》《象》《说卦》《文言》。读《易》，韦编三绝。曰："假我数年，若是我于《易》则彬彬矣。"（《史记·孔子世家》）

礼虽周官所掌，然亦孔子定之，始传于学者。

恤由之丧，哀公使孺悲之孔子学“士丧礼”，《士丧礼》于是乎书。(《礼记［·杂记下］》)

孔子虽删述诸经，而微意所寄，尤在于《春秋》。《史记》曰：

子曰：“弗乎弗乎！君子病没世而名不称焉。吾道不行矣，吾何以自见于后世哉?”乃因史记作《春秋》，上至隐公，下讫哀公十四年，十二公。据鲁，亲周，故殷，运之三代。约其文辞而指博。故吴楚之君自称王，而《春秋》贬之曰“子”；践土之会，实召周天子，而《春秋》讳之曰“天王狩于河阳”。推此类以绳当世。贬损之义，后有王者举而开之。《春秋》之义行，则天下乱臣贼子惧焉。孔子在位，听讼文辞，有可与人共者，弗独有也。至于为《春秋》，笔则笔，削则削，子夏之徒不能赞一辞。弟子受《春秋》，孔子曰：“后世知丘者以《春秋》，而罪丘者亦以《春秋》。”(《孔子世家》)

然孔子之前，固已有《春秋》，公羊所引“未修《春秋》”、墨子称“百国《春秋》”、韩宣子适鲁见《易象》与

《春秋》是也。孟子曰：

> 王者之迹息而《诗》亡，《诗》亡然后《春秋》作。晋之《乘》，楚之《梼杌》，鲁之《春秋》，一也。其事则齐桓、晋文，其文则史。孔子曰："其义则丘窃取之矣。"(《离娄［下］》)

《严氏春秋》称孔子将修《春秋》，与左丘明乘如周，观书于周史。《史记》曰：

> 是以孔子明王道，干七十余君，莫能用。故西观周室，论史记旧闻，兴于鲁而次《春秋》，上记隐，下至哀之获麟。约其词文，去其烦重，以制义法，王道备，人事浃。七十子之徒，口受其传指，为有所刺讥、褒讳、挹损之文，不可以书见也。鲁君子左丘明，惧弟子人人异端，各安其意，失其真，故因孔子史记，具论其语，成《左氏春秋》。(《十二诸侯年表》)

纬书以《孝经》亦孔子自作，以授曾子，故曰"志在《春秋》，行在《孝经》"。然后之学者多疑之，故不具论。

孔子既定经术、成六艺，尝论其于治、教之关系，以示学者。

孔子曰："六艺于治，一也。《礼》以节人，《乐》以发和，《书》以道事，《诗》以达意，《易》以神化，《春秋》以道义。"（《史记［·滑稽列传］》）

孔子曰："入其国，其教可知也。其为人也，温柔敦厚，《诗》教也；疏通知远，《书》教也；广博易良，《乐》教也；洁静精微，《易》教也；恭俭庄敬，《礼》教也；属辞比事，《春秋》教也。故《诗》之失愚，《书》之失诬，《乐》之失奢，《易》之失贼，《礼》之失烦，《春秋》之失乱。其为人也温柔敦厚而不愚，则深于《诗》者也；疏通知远而不诬，则深于《书》者也；广博易良而不奢，则深于《乐》者也；洁静精微而不贼，则深于《易》者也；恭俭庄敬而不烦，则深于《礼》者也；属辞比事而不乱，则深于《春秋》者也。"（《礼记·经解》）

第十四章 终 记

孔子晚年以删述为事，终乃制《春秋》，至于西狩获麟，而《春秋》亦遂绝笔。《公羊·哀公十四年传》曰：

> 麟者仁兽也，有王者则至，无王者则不至。有以告者，曰："有麕而有角者。"孔子曰："孰为来哉！孰为来哉！"反袂拭面涕沾袍。颜渊死，子曰："噫！天丧予。"子路死，子曰："噫！天祝予。"西狩获麟，孔子曰："吾道穷矣！"

然则颜渊之早世，大抵在获麟之前后，故《公羊》连类书之。《论语》曰：

> 颜渊死，子曰："噫！天丧予！天丧予！"（《先进》）
>
> 颜渊死，子哭之恸。从者曰："子恸矣。"曰："有恸乎？非夫人之为恸而谁为！"（同上）

及哀公十五年，子路又于卫战死，故有"天祝予"之叹。《礼记·檀弓［上］》曰：

孔子哭子路于中庭。有入吊者，而夫子拜之。既哭，进使者而问故。使者曰："醢之矣。"遂命覆醢。

于是孔子有疾。兹录诸书所载如下：

孔子有疾，哀公使医视之。医曰："居处饮食如何？"子曰："丘春居葛笼，夏居密杨，秋不风，冬不炀，饮食不馈，饮酒不醉。"医曰："是良医也。"（《公孙尼子》）

孔子病，子贡出卜，孔子曰："子待也。吾坐席不敢先，居处若齐，食饮若祭。吾卜之久矣。"（《御览》引《庄子》）

孔子病，商瞿卜期日中，孔子曰："取书来，比至日中何事乎？"圣人之好学也，死且不休。（《论衡［·别通］》）

孔子蚤作，负手曳杖，消摇于门，歌曰："泰山其颓乎！梁木其坏乎！哲人其萎乎！"既歌而入，当户而坐。

子贡闻之曰："泰山其颓，则吾将安仰？梁木其坏，哲人其萎，则吾将安放？夫子殆将病也。"遂趋而入。

夫子曰："赐，尔来何迟也？夏后氏殡于东阶之上，则犹在阼也。殷人殡于两楹之间，则与宾主夹之也。周人殡于西阶之上，则犹宾之也。而丘也，殷人也。予畴昔之夜，梦坐奠于两楹之间。夫明王不兴，天下其孰能宗予？予殆将死也。"盖寝疾七日而没。（《礼记·檀弓［上］》）

（《史记》作："孔子病，子贡请见。孔子负杖逍遥于门。"余文亦小有同异。）

《春秋续经·哀公十六年》曰：

夏四月己丑，孔丘卒。

杜预推春秋哀十六年四月无己丑，其说曰：

四月十八日乙丑，无己丑。己丑五月十二日。日月必有误。（《左传·哀十六年》注）

杜氏《春秋长历》与《注》同。宋孔传《东家杂记》则断以孔子卒于哀公十六年四月乙丑，谓先儒以为"己丑"者误矣。然春秋四月乃夏正二月，按《大衍历》则己丑乃十一日。杜谓是月无己丑，则误推夏正也。

孔子之年，或以为七十二，或以为七十三，或以为七十四。盖孔子之生，《公》《穀》与《史记》相差一年，大抵非七十三即七十四也。然钱大昕与狄子奇又有周岁增年之说，录以藉证。

自襄二十一年至哀十六年，实七十四算。而贾云七十三者，古人以周岁始增年也。《史》谓生于襄公二十二年，年七十三，则相距之岁计之。（钱大昕《十驾斋养新录》）

《索隐》云孔子以鲁襄二十一年生，至哀公十六年为七十三。若襄公二十二年生，则孔子年七十二。是以周岁增年也。（狄子奇《孔子编年》）

哀公诔孔子词，《左传》与《礼记》所载略异。

夏四月己丑，孔子卒。公诔之曰："旻天不吊，不憖遗一老，俾屏余一人以在位，茕茕余在疚。呜呼哀哉！尼父！无自律。"（《左传·哀公十六年》）

鲁哀公诔孔丘曰："天不遗耆老，莫相予位焉，呜呼哀哉！尼父！"（《礼记·檀弓［上］》）

方哀公之为诔，子贡尝论之曰：

子贡曰："君其不殁于鲁乎！夫子之言曰：'礼失

则昏，名失则愆。'失志为昏，失所为愆。生不能用，死而诔之，非礼也；称一人，非名也。君两失之。"（《左传·哀公十四年》）

孔子殁后，门人皆心丧三年，而子贡于三年后，独庐于冢上，又三年乃归。

孔子之丧，门人疑所服。子贡曰："昔者夫子之丧颜渊，若丧子而无服，丧子路亦然。请丧夫子若丧父而无服。"（《礼记·檀弓［上］》）

孔子之丧，二三子皆绖而出。（同上）

昔者孔子殁，三年之外，门人治任，将归，入揖于子贡，相向而哭，皆失声，然后归。子贡反，筑室于场，独居三年然后归。（《孟子·滕文公［上］》）

《史记·孔子世家》曰：

孔子葬鲁城北泗上。……弟子及鲁人往从冢而家者，百有余室，因命曰"孔里"。鲁世世相传，以岁时奉祠孔子冢。而诸儒亦讲礼乡饮、大射于孔子冢。孔子冢大一顷。故所居堂，弟子内。后世因庙藏孔子衣冠琴车书，至于汉二百余年不绝。

第十五章　孔子德范上

孔子之言动行事，足以为后人法则者甚众。至于居处之细，亦莫不有常度，《论语·乡党篇》记之详矣。于是衣服有仪，饮食有宜。盖尤谨于容貌：有在宗庙朝廷之容，有君召使摈之容，有入公门之容，有执圭享觐之容，有升车之容。而于乡党恂恂如也，其燕居申申如也、夭夭如也。今取孔子之德范关于知、情、意者，略分别论之。

（甲）关于知之事

孔子自谓："吾十有五而志于学，三十而立，四十而不惑，五十而知天命，六十而耳顺，七十而从心所欲，不踰矩。"盖孔子自十五至三十时，为学至勤，此后亦无日不在学之中，故尝自赞好学之意。《论语》曰：

> 子曰："吾尝终日不食，终夜不寝，以思，无益，不如学也。"（《卫灵公》）
>
> 子曰："十室之邑，必有忠信如丘者焉，不如丘之好学也。"（《公冶长》）

孔子平日追慕周公，形于寤寐。

子曰："甚矣，吾衰也！久矣，吾不复梦见周公！"（《论语·述而》）

盖其求道至切，至于晚年而益笃。

子曰："朝闻道，夕死可矣。"（《论语·里仁》）

叶公问孔子于子路，子路不对。子曰："女奚不曰：其为人也，发愤忘食，乐以忘忧，不知老之将至云尔。"（《论语·述而》）

孔子早年则学诗书礼乐，晚乃专力于《易》。

子曰："加我数年，五十以学《易》，可以无大过矣。"（《论语·述而》）

朱子《集注》曰："刘聘君见元城刘忠定公，自言尝读他《论》：'加'作'假'。'五十'作'卒'。盖'加、假'声相近而误读，'卒'与'五十'字相似而误分也。愚按此章之言，《史记》作'假我数年，若是我于《易》则彬彬矣'。'加'正作'假'，而无'五十'字，盖是时孔子年几七十矣。然皇侃《疏》则谓此孔子年四十五六时语，邢昺《疏》则谓四十七时，是‘五十’字相沿已久，不省忠定何缘复见别本。《易》穷理尽性，以至于命。孔子五十知天命，其学《易》之效耶？”

然孔子在当时，已有谓其“生知”，非假学问者。《论语》曰：

> 子曰：“我非生而知之者，好古，敏以求之者也。”（《述而》）

朱子《集注》引尹氏说曰：“孔子以生知之圣，每云好学者，非惟勉人也。盖生而可知者，义理尔。若夫礼乐名物、古今事变，亦必待学而后有以验其实也。”然人固有生知者，孔子以为有生知、学知、困知之分。

> 孔子曰：“生而知之者，上也；学而知之者，次也；困而学之，又其次也；困而不学，民斯为下矣。”（《论语·季氏》）
>
> 或生而知之，或学而知之，或困而知之，及其知之一也。或安而行之，或利而行之，或勉强而行之，及其成功一也。（《中庸》）

（乙）关于情之事

孔子教人泛爱众而亲仁，则其情之所发必于礼义，亦有悱然动于中而不能自已者。

子食于有丧者之侧，未尝饱也。子于是日哭，则不歌。（《论语·述而》）

见齐衰者，虽狎，必变。……凶服者，式之。（《论语·乡党》）

孔子对于朋友之至情，有可见者：

朋友死，无所归。曰："于我殡。"（《论语·乡党》）

宾客至，无所馆。夫子曰："生于我乎馆，死于我乎殡。"（《礼记·檀弓［上］》）

孔子之于弟子，情爱尤挚：

伯牛有疾，子问之，自牖执其手，曰："亡之，命矣夫！斯人也，而有斯疾也！"（《论语·雍也》）

颜渊死，子哭之恸。从者曰："子恸矣。"曰："非夫人之为恸而谁为！"（《论语·先进》）

颜渊死，门人欲厚葬之。子曰："不可。"门人厚葬之。子曰："回也，视予犹父也，予不得视犹子也。非我也，夫二三子也。"（同上）

颜渊死，子曰："噫！天丧予！"子路死，子曰："噫！天祝予！"（《公羊·哀十四年》）

孔子之于禽兽，亦见其恻隐之情：

子钓而不网，弋不射宿。（《论语·述而》）

仲尼之畜狗死，使子贡埋之，曰："吾闻之也：敝帷不弃，为埋马也；敝盖不弃，为埋狗也。丘也贫，无盖；于其封也，亦予之席，毋使其首陷焉。"（《礼记·檀弓［下］》）

路马死，埋之以帷。（同上）

孔子富于美情，故好治音乐。

子与人歌而善，必使反之，而后和之。（《论语·述而》）

子在齐闻《韶》，三月不知肉味。曰："不图为乐之至于斯也！"（同上）

子谓《韶》，"尽美矣，又尽善也"；谓《武》，"尽美矣，未尽善也"。（《论语·八佾》）

古之士兼习礼乐，故无不治琴瑟。至于能极声音之妙者，必有待于圣哲。《论语》尝载孔子击磬鼓瑟之事，又数论乐。盖自卫返鲁，而后乐正。知孔子于乐之情深矣。

（丙）关于意之事

《大学》言治国平天下，必先之以正心诚意。盖圣贤之能开物成务者，皆本其心意之所蓄，举而措之耳。将成天下之大业，宜具有勇决之意，以为之主。齐人谓孔子知礼而无勇。然观孔子用鲁，夹谷之会及堕三都之策，其勇为何如！且平日以行道为己任，其遭桓魋与匡人之难，称天以明志，可以见矣。

> 天生德于予，桓魋其如予何？（《论语·述而》）
>
> 文王既殁，文不在兹乎？天之将丧斯文也，后死者不得与于斯文也；天之未丧斯文也，匡人其如予何？（《论语·子罕》）

观上二章，知孔子平日意之所存，亦何大哉！至于晚年，知道之不行，欲传之其人，使后世有述焉，故在陈发“狂简”之叹：

> 子在陈曰：“归与！归与！吾党之小子狂简，斐然成章，不知所以裁之。”（《论语·公冶长》）

盖将裁成后学，传六艺之业于后，故其言如此。

曾子曰：“士不可以不弘毅，任重而道远。仁以为己任，不亦重乎？死而后已，不亦远乎？”述孔子之意也。

第十六章　孔子德范下（时中及集大成）

孔子谓“君子而时中”。《孟子》曰：“孔子，圣之时者也。”故无褊狭之见，不为过高之行，恒出于中道，此所以为“时中”也。辄就《论》《孟》所记证之。

子温而厉，威而不猛，恭而安。（《论语·述而》）

子禽问于子贡曰：“夫子至于是邦也，必闻其政。求之与？抑与之与？”子贡曰：“夫子温、良、恭、俭、让以得之。夫子之求之也，其诸异乎人之求之与！”（《论语·学而》）

陈司败问：“昭公知礼乎？”孔子曰：“知礼。”孔子退，揖巫马期而进之，曰：“吾闻君子不党，君子亦党乎？君取于吴为同姓，谓之吴孟子。君而知礼，孰不知礼？”巫马期以告。子曰：“丘也幸，苟有过，人必知之。”（《论语·述而》）

微生亩谓孔子曰：“丘何为是栖栖者与？无乃为佞乎！”孔子曰：“非敢为佞也，疾固也。”（《论语·宪问》。朱子解“固”，“执一而不通也”。）

子谓颜渊曰：“用之则行，舍之则藏，惟我与尔有

是夫！（《论语·述而》）

子绝四：毋意，毋必，毋固，毋我。（《论语·子罕》）

可以仕则仕，可以止则止，可以久则久，可以速则速，孔子也。（《孟子·公孙丑上》）

仲尼不为已甚者。（《孟子·离娄下》）

《孟子》又历称伯夷、伊尹、柳下惠之圣，而谓孔子之谓“集大成”。朱子《集注》曰：“此言孔子集三圣之事，而为一大圣之事。犹作乐者集众音之小成，而为一大成也。‘成’者，乐之一终，《书》所谓‘《箫韶》九成’是也。”

《孟子》又举孔子弟子所以称孔子者如下：

宰我曰：“以予观于夫子，贤于尧舜远矣。”（《孟子·公孙丑上》）

子贡曰：“见其礼而知其政，闻其乐而知其德。由百世之后，等百世之王，莫之能违也。自生民以来，未有夫子也。”（同上）

有若曰：“岂惟民哉？麒麟之于走兽，凤凰之于飞鸟，泰山之于丘垤，河海之于行潦，类也。圣人之于民，亦类也。出于其类，拔乎其萃。自生民以来，未有盛于孔子也。”（同上）

曾子曰：“……江汉以濯之，秋阳以暴之，皜皜乎

不可尚已！”（《孟子·滕文公上》）

叔孙武叔及陈子禽毁仲尼，当时子贡力为之辨，且益称扬孔子盛德。

叔孙武叔语大夫于朝，曰：“子贡贤于仲尼。”子服景伯以告子贡。子贡曰：“譬之宫墙，赐之墙也及肩，窥见室家之好。夫子之墙数仞，不得其门而入，不见宗庙之美、百官之富。得其门者或寡矣。夫子之云，不亦宜乎！”（《论语·子张》）

叔孙武叔毁仲尼。子贡曰：“无以为也，仲尼不可毁也。他人之贤者，丘陵也，犹可踰也。仲尼，日月也，无得而踰焉。人虽欲自绝，其何伤于日月乎？多见其不知量也！”（同上）

陈子禽谓子贡曰：“子为恭也，仲尼岂贤于子乎？”子贡曰：“君子一言以为知，一言以为不知，言不可不慎也。夫子之不可及也，犹天之不可阶而升也。夫子之得邦家者，所谓立之斯立，道之斯行，绥之斯来，动之斯和。其生也荣，其死也哀。如之何其可及也！”（同上）

颜渊实庶几之材，而其称孔子尤至。

颜渊喟然叹曰："仰之弥高，钻之弥坚，瞻之在前，忽焉在后。夫子循循然善诱人，博我以文，约我以礼。欲罢不能。既竭吾才，如有所立卓尔。虽欲从之，末由也已！"（《论语·子罕》）

第二编
孔子学案

第一章　孔学渊源

古称孔子问官于郯子，问乐于苌弘，学琴于师襄，问礼于老聃。《史记》曰："孔子之所严事：于周则老子；于卫，蘧伯玉；于齐，晏平仲；于楚，老莱子；于郑，子产；于鲁，孟公绰。数称臧文仲、柳下惠、铜鍉伯华、介山子然，孔子皆后之，不并世。"孔子之远祖正考父，尝校《商颂》，而鲁世秉周礼，故孔子之学，其渊源远有所自也。盖孔子祖述尧、舜，好称禹、汤、文、武、周公，又尝窃比老彭。

> 子曰："述而不作，信而好古，窃比于我老彭。"（《论语·述而》）

包咸注谓："老彭，殷贤大夫，好述古事。"近严元照《娱亲雅言》引汉碑有"述而不作""彭祖赋诗"二语，以孔子系引彭祖之诗，故"窃比"之云尔。然他书亦载孔子尝称老彭。

子曰："……昔商老彭及仲傀，政之教大夫，官之教士，技之教庶人。扬则抑，抑则扬。缀之德行，不任以言。"（《大戴礼·虞戴德》）

然则老彭殆商之善教人者与？

孔子实好尧、舜与文、武之道。《中庸》曰：

仲尼祖述尧舜，宪章文武，上律天时，下袭水土。

《论语》每记孔子叹慕尧、舜、禹、周公之言，具录于下。

子曰："大哉，尧之为君也！巍巍乎！惟天为大，惟尧则之。荡荡乎！民无能名焉。巍巍乎其有成功也！焕乎其有文章！"（《论语·泰伯》）

子曰："巍巍乎！舜禹之有天下也，而不与焉。"（同上）

子曰："禹，吾无间然矣！菲饮食而致孝乎鬼神，恶衣服而致美乎黻冕，卑宫室而尽力乎沟洫。禹，吾无间然矣！（同上）

子曰："甚矣吾衰也！久矣吾不复梦见周公！"（《论语·述而》）

孔子虽称尧、舜、禹、汤，而曰："夏礼吾能言之，杞不足征也；殷礼吾能言之，宋不足征也。”卒归本于文武之道，曰：“周监于二代，郁郁乎文哉！吾从周。”荀卿曰：“法后王，欲观王者之迹，于其粲然者矣。”殆述孔子之意与？或谓“从周”乃孔子早年之说，故董仲舒以《春秋》变周。要之，孔子之学渊源于虞夏商周之制者众矣。

朱子《论语集注·尧曰篇》引杨氏曰：“《论语》之书，皆圣人微言，而其徒传守之以明斯道者也。故于终篇具载尧舜咨命之言、汤武誓师之意，与夫施诸政事者，以明圣学之所传者，一于是而已，所以著明二十篇之大旨也。《孟子》于终篇亦历叙尧、舜、汤、文、孔子相承之次，皆此意也。”

尧曰：“咨尔舜！天之历数在尔躬。允执其中。四海困穷，天禄永终。”舜亦以命禹。（以上尧、舜、禹咨命之言。）

曰：“予小子履，敢用玄牡，敢昭告于皇皇后帝：有罪不敢赦，帝臣不蔽，简在帝心。朕躬有罪，无以万方；万方有罪，罪在朕躬。”

周有大赉，善人是富。“虽有周亲，不如仁人。百姓有过，在予一人。”（以上汤武誓师之意。）

谨权量，审法度，修废官，四方之政行焉。兴灭国，继绝世，举逸民，天下之民归心焉。所重：民、食、丧、祭。宽则得众，信则民任焉。敏则有功，公则说。（以上施政事者。）（《论语·尧曰》）

第二章　孔学原理一（道）

孔子曰："吾欲垂之空文，不如见之行事之深切著明也。"故孔子虽立言垂训，而其志仍主行事，内之正心诚意，外之治国平天下。虽移风易俗，有赖礼乐制度，皆归之乎德，以为之主。德之用至广，则又有一本而万殊之道以统之。故道也者，所以齐众行而总诸德之一大原理也。

孔子尝自称其"一贯"之道，见于《论语》：

子曰："赐也，女以予为多学而识之者与？"曰："然。非与？"曰："非也。予一以贯之。"（《卫灵公》）

子曰："参乎！吾道一以贯之。"曾子曰："唯。"子出。门人问曰："何谓也？"曾子曰："夫子之道，忠恕而已矣。"（《里仁》）

以上二章，语有异同。朱子《集注》曰：

尹氏曰："孔子之于曾子，不待其问而直告之以此。曾子复深喻之曰'唯'。若子贡，则先发其疑而后告之，而子贡终亦不能如曾子之‘唯’也。二子所学之深浅，于此可见。”愚按：夫子之于子贡，屡有以发之，而他人不与焉。则颜、曾以下诸子所学之浅深，又可见矣。

然今所当先明者，即云何为“道”，云何为“一贯之道”。朱子尝曰：

道则人伦日用之间，所当行者是也。（《论语集注》）

是其所谓“道”，如今之“伦理之原理”（Ethirsches prinzip）者矣。然朱子又曰：

道者，事物当然之理。（同上）

此其喻道，又如今所谓“世界原理”（Welt prinzip）。然朱子非云事物必然之理，仅云当然之理，则所谓世界，非“机械说”（Mechanisch），而实类于“有极说”（Telogisch）者也。盖本于天人合一之理推衍之，故常以伦理原理括于世界原理之中。

《易·系辞》及《说卦传》有天道、地道、人道之分，三者宜皆道之一种。惟《论语》所言则多切乎人事，而罕及天道。

子曰："谁能出不由户？何莫由斯道也？"（《论语·雍也》）

子谓子产："有君子之道四焉：其行己也恭，其事上也敬，其养民也惠，其使民也义。"（《论语·公冶长》）

以上所谓"道"，大抵伦理之原理也。

孔子曰："天下有道，则礼乐征伐自天子出；天下无道，则礼乐征伐自诸侯出。……天下有道，则政不在大夫；天下有道，则庶人不议。"（《论语·季氏》）

子曰："道不行，乘桴浮于海。……"（《论语·公冶长》）

子曰："齐一变，至于鲁；鲁一变，至于道。"（《论语·雍也》）

以上所谓"道"，大抵政治之原理也。故《论语》言道，多属于伦理政治之原理化（Ethiks politisches prinzip）。是以子贡曰：

夫子之文章，可得而闻也；夫子之言性与天道，不可得而闻也。（《论语·公冶长》）

郑玄以天道为七政变通之占，何晏以为元亨日新之道，其说未瞭。朱子则曰："天道者，天理自然之本体。"以朱子之说，揆诸今世哲学术语，宜在本体之原理（Ontologisches prinzip）或宇宙之原理（Kosmologesches prinzip）之间。但"天道"与"道"决非同义。天道以明世界原理，而不足以明伦理政治之原理。故子贡以夫子言天道不可得而闻也。

《论语》中罕言天道者。或曰：孔子早年，其论道也，必以伦理政治为域。及五十而知天命，晚尤好《易》，乃会天人之符，而分天道、地道、人道之别。《大戴礼·四代篇》，孔子晚年之说也，其言曰：

> 天道以视，地道以履，人道以稽。

《易·系辞下传》曰：

> 有天道焉，有地道焉，有人道焉。

《说卦传》曰：

> 立天之道曰阴与阳，立地之道曰柔与刚，立人之道曰仁与义。

盖以道为一本，分而为天、地、人之道，其孔子晚年之说与？然儒者之言道，犹以人事为主，故《荀子》曰：

> 道者，非天之道，非地之道，人之所道也。（《儒效》）

以上于“道”之名，既略辨之矣，当进而论“一贯之道”。请先释“贯”字之义。惠栋曰：

> 《离骚经》曰：“贯薜荔之落蕊。”王逸注云：“贯，累也。”《左传·宣六年》：“中行桓子曰：‘使疾其民，以盈其贯。’”《韩非子》曰：“是其贯将满也。”贯皆有“积”义。道积于一。《论语》：“子谓曾参曰：‘吾道一以贯之。’”《释诂》云：“贯，习也。”习者，重习，亦有“积”义。《荀子》曰：“服习积贯。”又曰：“贯得而治详之。”（《周易述·易微言上》）

右以“贯”作“惯”义。阮元《论语一贯说》曰：

> 《论语》“贯”字凡三见：曾子之一贯也，子贡之一贯也，闵子之言“仍旧贯”也。此三“贯”字，其训不应有异。元按：贯，行也，事也。三者皆当训为“行事”也。孔子呼曾子告之曰：“吾道一以贯之。”此言孔子之

道，皆于行事见之，非徒以文学为教也。“一”与“壹”同，壹以贯之，犹言“壹是皆以行事为教”也。（《揅经室集》）

阮元以“旧贯”之“贯”，释“一贯”之“贯”，其义似相悬绝。由今考之，仍以皇侃《疏》所释为允。

“贯”犹“统”也。譬如以绳穿物，有贯统也。（《论语集解·疏》）

然则孔子所谓“吾道一以贯之”者，即就其伦理政治之原理，为之贯统而集合（Aggregation）之，散之则粲然有条，总之则整然如一。故名“一以贯之”也。

然当时“一贯”之义，曾子固有明释，曰：“夫子之道，忠恕而已矣。”阎若璩曰：

一贯忠恕，是尧舜禹汤以来圣贤相传之道。于此不明，则并属异学，非孔子徒矣。夫子明言“一贯”，曾子明言“忠恕而已矣”。“一贯”者，即此一串之道也。“而已矣”者，更无他道也。……（《四书賸言》）

惠栋亦以一贯之道不外忠恕，其说曰：

一贯之道，三尺童子皆知之，百岁老人行不得。宋儒谓唯颜子、曾子、子贡得闻一贯，非也。（《周易述·易微言上》）

吾道一以贯之，自本达末，原始及终。老子所谓“甚易知，甚易行。天下莫能知，莫能行”也。忠即一也，恕而行之，即一以贯之也。韦昭注《周语》“帅意能忠”曰：“循己之意，恕而行之为忠。”（同上）

或疑“忠恕”二字浅近，不足以该一贯之全，是不可不观孔子之论忠恕。

子贡问曰：“有一言而可以终身行之者乎？”子曰：“其‘恕’乎！己所不欲，勿施于人。”（《论语·卫灵公》）

子曰：“……忠恕违道不远。”（《礼记·中庸》）

然则孔子谓“忠恕违道不远”，忠恕虽近于一贯之道，而犹非一贯之道也。曾子之释此，盖有深意存焉。全祖望乃分天地一贯之道、圣人一贯之道与学者一贯之道。

“一贯”之说，不须注疏；但读《中庸》，便是注疏。“一”者，诚也，天地一诚而已矣。其为物不贰，则其生物不测。维天之命，於穆不已，天地之一以贯之者也。诚者非自成己而已也，所以成物也。成己，人也；成物，知也。性之德也，合外内之道也，故时措之宜也。圣人之一以贯之者也。忠恕违道不远，施诸己而不愿，亦勿施于人，学者之一以贯之者也。(《经史问答》)

盖孔子所以告曾子者，圣人一贯之道也；曾子所以告门人者，学者一贯之道也。由全氏之说，则可以明于朱子《集注》之义矣。故列众说于前，而独著《集注》于后，庶一贯之旨，可循序而渐悟焉。《集注》于“曾子曰唯”下曰：

“参乎”者，呼曾子之名而告之。贯，通也。“唯”者，应之速而无疑者也。圣人之心，浑然一理，而泛应曲当，用各不同。曾子于其用处，盖已随事精察而力行之，但未知其体之一耳。夫子知其真积力久，将有所得，是以呼而告之。曾子果能默契其指，即应之速而无疑也。

已上谓孔子告曾子以圣人一贯之道，而曾子默喻之也。又于“忠恕而已矣”下曰：

尽己之谓忠，推己之谓恕。“而已矣”者，竭尽而无余之辞也。夫子之一理浑然而泛应曲当，譬则天地之至诚无息，而万物各得其所也。自此之外，固无余法，而亦无待于推矣。曾子有见于此，而难言之，故借学者尽己推己之目以著明之，欲人之易晓也。盖至诚无息者，道之体也，万殊之所以一本也；万物各得其所者，道之用也，一本之所以万殊也。以此观之，“一以贯之”之实可见矣。

已上所谓“借学者尽己推己之目以著明之”者，即曾子所言，是学者一贯之道也。恐问者未喻其深，故就易晓者答之。会观诸说，而细玩《集注》之义，则所谓“一贯之道”，可以知矣。

第三章　孔学原理二（中庸）

中国古代学术，皆出于帝王。故伊尹处畎亩之中，以乐尧舜之道；孔子亦尝称尧舜。故自尧舜以来相传之伦理政治原理，有即为孔学原理者，则“中”是已。

尧曰：“咨尔舜！天之历数在尔躬。允执其中。四海困穷，天禄永终。”舜亦以命禹。（《论语·尧曰》）

子曰：“舜其大知也与！舜好问而好察迩言，隐恶而扬善。执其两端，用其中于民，其斯以为舜乎！”（《礼记·中庸》）

观上二章，则尧、舜、禹皆以“中”为伦理政治之原理矣。

帝曰：“夔！命汝典乐，教胄子，直而温，宽而栗，刚而无虐，简而无傲。”（《书·舜典》）

皋陶曰：“都！亦行有九德。”禹曰：“何?”皋陶曰：“宽而栗，柔而立，愿而恭，乱而敬，扰而毅，直

而温，简而廉，刚而塞，强而谊。”（《书·皋陶谟》）

右虽未明言“中”，而实亦“无过不及”之义所存。《孟子》曰：

汤执中，立贤无方。（《离娄下》）

是商王亦以“中”为伦理政治之原理。至箕子《洪范》，“九畴”第五之“皇极”、第六之“正直、刚克、柔克三德”，亦含有“中”义。

五、皇极：皇建其有极，敛时五福，用敷锡厥庶民。无偏无党，王道荡荡；无党无偏，王道平平；无反无侧，王道正直。会其有极，归其有极。

六、三德：一曰正直，二曰刚克，三曰柔克。平康正直，强弗友刚克，燮友柔克。沉潜刚克，高明柔克。

郑玄注“皇极”曰：“皇，君也。极，中也。”注“三德”曰：“正直者，中平之人。克，能也。刚而能柔，柔而能刚，宽猛相济，以成治立功。人臣各有一德，天子择使之。安平之国，使中平守一之人治之，使不失旧职而已。国有不顺孝敬之行者，则使刚能之人诛治之。其有中和之行者，则使柔能之人治之，差正之。”按：“极”既训“中”，三德又各使相济，期于无过不及，皆含“中”义。武王问彝伦攸叙之道，而箕子以此为对，亦以“中”为伦理政治之原理也。

“中”者不偏不倚，无过不及。希腊亚里士多德，虽亦以无过不及为中，然专就德而言，未尝广之为伦理政治之原理也。吾国自尧舜以来，所谓伦理政治之原理，皆以中为本。孔子既祖述尧舜、宪章文武，故尤重中庸之德焉。

子曰：“中庸之为德也，其至矣乎！民鲜久矣。”（《论语·雍也》）

子曰：“中庸其至矣乎！民鲜能久矣。”（《中庸》）

仲尼曰：“君子中庸，小人反中庸。君子之中庸也，君子而时中；小人之反中庸也，小人而无忌惮也。”（同上）

子曰：“道之不行也，我知之矣：知者过之，愚者不及也。道之不明也，我知之矣：贤者过之，不肖者不及也。”（《论语·子路》）

子曰：“不得中行而与之，必也狂狷乎！狂者进取，狷者有所不为也。”（《论语·子路》）

子曰：“天下国家可均也，爵禄可辞也，白刃可蹈也，中庸不可能也。”（《礼记·中庸》）

子贡问：“师与商也孰贤？”子曰：“师也过，商也

不及。”曰：“然则师愈与？”子曰：“过犹不及。”（《论语·先进》）

其他尚有言“中庸”或言“中”者，不复备引。盖中、庸非截然为二，庸只是中之常然不易者。程明道曰：“惟中不足以尽之，故曰中庸。庸乃中之常理，二者相须不可得而离也。”朱子《中庸章句序》曰：“‘允执厥中’者，尧之所以授舜也。‘人心惟危，道心惟微，惟精惟一，允执厥中’者，舜之所以授禹也。”夫尧、舜、禹，天下之大圣也；以天下相传，天之大事也。而其授受之际，丁宁告诫，不过如此。则天下之理，岂有以加于此哉？自宋儒以来，皆以“执中”为圣学相传之绪，故“中庸”又孔学原理之一也。

第四章　孔学原理三（礼）

孔子祖述尧、舜、禹、汤、文、武、周公，尝以尧、舜为“荡荡无能名”；尤追慕周公，形于寤寐。盖周公时代较近，又为鲁之先祖，及制定周礼之人。中国自古为衣冠礼义之邦，素严夷夏之辨，而夏之所以别于夷者，惟在礼乐而已；礼莫备于周，亦惟周公之功。孔子儿时，尝陈俎豆嬉戏，设礼容，其好礼实出于天性。及其长也，益勤于学礼。居鲁之时，则问官于郯子；又与南宫敬叔观周，见老聃、苌弘而问焉。于是当时遂推孔子，以为知礼之人。

> 子入太庙，每事问。或曰：“孰谓鄹人之子知礼乎？入太庙，每事问。”子闻之曰：“是礼也。”（《论语·八佾》）

孔安国注曰：“时人多言孔子知礼。”是其证也。又《左传·定公十年》曰：

> 夏，公会齐侯于祝其，实夹谷，孔丘相。犁弥言于

齐侯曰："孔丘知礼而无勇。……"

右亦时以孔子为知礼之证。然周公制礼，果经实行与否，后之学者颇引以为疑。意者周初固尝行之，及春秋之时，王室式微，诸侯横恣，礼乐渐坏。孔子之褒管仲也，以其能于礼坏之后而犹秉其防；其贬管仲也，亦以其有时违礼，可见孔子之重礼也。

子路曰："桓公杀公子纠，召忽死之，管仲不死。曰：未仁乎？"子曰："桓公九合诸侯，不以兵车，管仲之力也。如其仁！如其仁！"（《论语·宪问》）

不以兵车，《穀梁传》谓之"衣裳之会"，《史记》谓之"乘车之会"，即以礼乐会诸侯也。

子贡曰："管仲非仁者与？桓公杀公子纠，不能死，又相之。"子曰："管仲相桓公，霸诸侯，一匡天下，民到于今受其赐。微管仲，吾其被发左衽矣！岂若匹夫匹妇之为谅也，自经于沟渎而莫之知也。"（《论语·宪问》）

被发左衽，即夷狄无礼之俗也。故孔子以此为管仲之功。

子曰："管仲之器小哉！"或曰："管仲俭乎？"曰："管氏有三归，官事不摄，焉得俭？""然则管仲知礼乎？"曰："邦君树塞门，管氏亦树塞门；邦君为两君之好，有反坫，管氏亦有反坫。管氏而知礼，孰不知礼？"（《论语·颜渊》）

孔子以管仲器小者，亦以其有时越乎礼也。孔子褒贬管仲，一主于礼。春秋之初，王室既衰，自管仲出，稍维冠裳之化。至于孔子时，而上下侵僭弥甚，周公所尽力制作之礼，至是几陵迟耗矣。孔子慨叹时世，而追怀昔日之盛，数见于《论语》：

孔子谓季氏："八佾舞于庭，是可忍也，孰不可忍也？"（《论语·八佾》）

三家者以《雍》彻。子曰："'相维辟公，天子穆穆。'奚取于三家之堂？"（同上）

季氏旅于泰山。子谓冉有曰："女弗能救与？"对曰："不能。"子曰："呜呼！曾谓泰山不如林放乎？"（同上）

子曰："禘自既灌而往者，吾不欲观之矣。"（同上）

子贡欲去告朔之饩羊。子曰："赐也，尔爱其羊，我爱其礼。"（同上）

观以上诸章，知孔子深慨于礼之既坏，不啻大声疾呼，将求所以正之，于是历聘诸邦，莫能行其志。卒以为礼之所由坏，以名之先紊也，故当首正名分，而后礼可得而言矣，故在卫发“正名”之叹。《春秋》之作，亦此意也。

> 子路曰：“卫君待子而为政，子将奚先?”子曰：“必也正名乎!”子路曰：“有是哉，子之迂也！奚其正?”子曰：“野哉，由也！君子于其所不知，盖阙如也。名不正，则言不顺；言不顺，则事不成；事不成，则礼乐不兴；礼乐不兴，则刑罚不中；刑罚不中，则民无所措手足。故君子名之必可言也，言之必可行也。君子于其言，无所苟而已矣。”（《论语·子路》）
>
> 陈成子弑简公。孔子沐浴而朝，告于哀公曰：“陈恒弑其君，请讨之。”公曰：“告夫三子!”孔子曰：“以吾从大夫之后，不敢不告也。君曰‘告夫三子’者。”之三子告，不可。孔子曰：“以吾从大夫之后，不敢不告也。”（《论语·宪问》）

此可见孔子欲正名分，以起礼之废。

今当进求礼之意义，及于所以为孔学之原理者。盖学者皆传三《礼》，而《周礼》以明制度，《仪礼》以著仪式，

《曲礼》以正礼容。故孔子言礼，当含有制度、仪式、礼容三义。其云“夏礼、殷礼”者，制度之礼也；其云管仲不知礼，及与子贡论告朔饩羊者，仪式之礼也；其云生事之以礼、立于礼者，礼容之礼也。于是礼又为制度、仪式、礼容之总称。

子曰：“道之以政，齐之以刑，民免而无耻；道之以德，齐之以礼，有耻且格。”（《论语·为政》）

虽然，制度、仪式、礼容，犹皆在外者。孔子言礼，非仅指在外者，固有存乎其内者焉。

子曰：“礼云礼云！玉帛云乎哉？乐云乐云！钟鼓云乎哉？”（《论语·阳货》）

盖玉帛、钟鼓，皆礼乐之在外者，未足贵也。今列诸家此章之注于下：

礼以敬为主。玉帛者，敬之用饰也。乐主于和。钟鼓者，乐之器也。于时所谓礼乐者，厚贽币而所简在敬，盛钟鼓而不合雅颂。故正言其义也。（王弼注）

玉帛者礼之用，非礼之本。钟鼓者乐之器，非乐

之主。（缪播注）

敬而将之以玉帛则为礼，和而发之以钟鼓则为乐。遗其本而专事其末，则岂礼乐之谓哉？（朱子《论语集注》）

朱子盖本王弼、缪播之说，而益加明切。虽敬与和果能为礼乐之本与否，今不具论；故知所谓“礼”者，不仅外形，而犹有存乎其内者在也。其余尚有可证者：

子曰：“能以礼让为国乎，何有？不能以礼让为国，如礼何？”（《论语·里仁》）

朱子《集注》曰：

让者礼之实。何有，言不难也；言有礼之实以为国，则何难之有。不然，则其礼文虽具，亦且无如之何矣，而况于为国乎？

朱子言礼之实与礼文异，则是亦在内者也。

子夏问曰：“‘巧笑倩兮，美目盼兮，素以为绚兮’，何谓也？”子曰：“绘事后素。”曰：“礼后乎？”子曰：“起予者商也，始可与言《诗》已矣！”（《论语·八佾》）

今列诸家注此章如下：

绘，画文也。凡绘画，先布众色，然后以素分布其间，以成其文。喻美女虽有倩盼美质，亦须礼以成之。（郑玄注）

《考工记》曰："绘画之事，后素功。"谓先以粉地为质，而后施五采，犹人有美质，然后可加文饰。（朱子《论语集注》）

礼必以忠信为质，犹绘事必以粉素为先。（同上）

杨氏曰："甘受和，白受采。忠信之人，可以学礼。苟无其质，礼不虚行。此'绘事后素'之说也。"（同上）

然则绘画之文，与忠信之质异，是又礼之在内者也。

林放问礼之本。子曰："大哉问！礼，与其奢也，宁俭；丧，与其易也，宁戚。"（《论语·八佾》）

杨时以为周衰世方以文灭质，而林放独能问礼之本，故夫子"大"之，而告之以此。朱子曰：

孔子以时方逐末，而放独有志于本，故"大"

其问。盖得其本，则礼之全体，无不在其中矣。（《论语集注》）

右所谓“礼之本”者，亦言礼之在内者而已。盖礼有本有末，有内有外。合内外本末，而后可以言礼，可以为伦理政治之原理也。前所引孔子言以礼让为国，是即以礼为政治之原理矣。为政尤以制礼为本。

子张问：“十世可知也?”子曰：“殷因于夏礼，所损益可知也；周因于殷礼，所损益可知也；其或继周者，虽百世可知也。”（《论语·为政》）

颜渊问为邦。子曰：“行夏之时，乘殷之辂，服周之冕，乐则《韶》舞。放郑声，远佞人。郑声淫，佞人殆。”（《论语·卫灵公》）

以上二章，皆《论语》制礼乐之事，即治国之大本，而礼所以为政治原理也。

子曰：“君子博学于文，约之以礼，亦可以弗畔矣夫。”（《论语·雍也》）

夫子循循然善诱人，博我以文，约我以礼。（《论语·子罕》）

子曰：“恭而无礼则劳，慎而无礼则葸，勇而无礼

则乱，直而无礼则绞。”（《论语·泰伯》）

右数章以礼为修身之要，恭、慎、礼诸德之中，即伦理之原理也。故礼又为孔学原理。兹举其略，不复详引。

第五章　孔学原理四（仁）

孔子称“吾道一以贯之”，然此一贯之道，既约而名之为“中庸”，又散而布之为礼，皆足以为伦理政治之原理焉。此外孔子所亟言者，尤莫如仁。

孔子盖于颜子之外，未尝以“仁”轻许门人，今举《论语》证之：

> 或曰：“雍也仁而不佞。”子曰：“焉用佞？御人以口给，屡憎于人。不知其仁，焉用佞？”（《论语·公冶长》）

孔子谓仲弓可使南面，又曰：“犁牛之子骍且角，虽欲勿用，山川其舍诸？”固已极称仲弓之贤矣，而犹未许其仁者。《集注》曰：“仁道至大，非全体而不息者，不足以当之。如颜子亚圣，犹不能无违于三月之后，况仲弓虽贤，未及颜子，圣人固不得而轻许之也。”

> 孟武伯问：“子路仁乎？”子曰：“不知也。”又问。

子曰："由也，千乘之国，可使治其赋也。不知其仁也。"

"求也何如？"子曰："求也，千室之邑，百乘之家，可使为之宰也。不知其仁也。"

"赤也何如？"子曰："赤也，束带立于朝，可使与宾客言也。不知其仁也。"（《论语·公冶长》）

孔安国注曰："仁道至大，不可全名也。"《集注》以子路于仁盖日月至焉者，故以"不知"告之。

子曰："回也，其心三月不违仁；其余，则日月至焉而已矣。"（《论语·雍也》）

何晏解曰："余人暂有至仁时，唯回移时而不变。"皇侃疏曰："仁是行盛，非体仁则不能。不能者，心必违之。能不违者，唯颜回耳。既不违则应终身，而止举'三月'者，三月一时，为天气一变。一变尚能行之，则他时能可知也。"程、朱说略同。

孔子不惟罕以仁许门人，亦不敢以仁自居，盖谦逊之意，亦见其重视仁也。

子曰："若圣与仁，则吾岂敢？……"（《论语·述而》）

孔子于并世之人，亦不轻以仁许之。

子张问曰："令尹子文三仕为令尹，无喜色；三已之，无愠色。旧令尹之政，必以告新令尹。何如？"子曰："忠矣。"曰："仁矣乎？"曰："未知，焉得仁？"

"崔子弑其〔齐〕君，陈文子有马十乘，弃而违之。至于他邦，则曰：'犹吾大夫崔子也。'违之。之一邦，则又曰：'犹吾大夫崔子也。'违之。何如？"子曰："清矣。"曰："仁矣乎？"曰："未知，焉得仁？"（《论语·公冶长》）

孔子所许为仁者，自尧、舜、禹、汤、文、武、周公而外，寥寥千余载之间，仅微子、箕子、比干、伯夷、叔齐、管仲数人而已。

微子去之，箕子为之奴，比干谏而死。孔子曰："殷有三仁焉。"（《论语·微子》）

……子贡曰："……伯夷、叔齐何人也？"曰："古之贤人也。"曰："怨乎？"曰："求仁而得仁。又何怨？"……（《论语·述而》）

子路曰："桓公杀公子纠，召忽死之，管仲不死。曰：未仁乎？"子曰："桓公九合诸侯，不以兵车，管

仲之力也。如其仁！如其仁！”（《论语·宪问》）

子贡曰：“管仲非仁者与？桓公杀公子纠，不能死，又相之。”子曰：“管仲相桓公，霸诸侯，一匡天下，民到于今受其赐。微管仲，吾其被发左衽矣！岂若匹夫匹妇之为谅也，自经于沟渎而莫之知也。”（同上）

今当先明仁之意义。盖《论语》孔子言“仁”，析而言之，其义大率有五：一曰惠泽之义，二曰笃厚之义，三曰慈爱之义，四曰忠恕之义，五曰克己之义。

所谓仁为“惠泽”之义者：

子曰：“如有王者，必世而后仁。”（《论语·子路》）

孔安国注曰：“十年曰世。如有受命王者，必二十年，仁政乃成。”朱子曰：“仁，教化浃也。”此即仁泽浃被、民各得所之意。

子张问仁于孔子。孔子曰：“能行五者于天下为仁矣。”请问之。曰：“恭、宽、信、敏、惠。恭则不侮，宽则得众，信则人任焉，敏则有功，惠则足以使人。”（《论语·阳货》）

五者终之以惠，亦所以使仁泽下流之道。

> 子贡曰：“如有博施于民而能济众，何如？可谓仁乎？”子曰：“何事于仁，必也圣乎！尧舜其犹病诸！……”（《论语·雍也》）

邢昺解“何事于仁”谓“不啻于仁”也。盖博施济众为仁，固无待言，惟其事则圣如尧、舜，尚或病之耳。

> 管仲相桓公，霸诸侯，一匡天下，民到于今受其赐。微管仲，吾其被发左衽矣。（《论语·宪问》）

民所以受管仲之赐者，即其惠泽被于民也。故曰：“如其仁！如其仁！”

所谓仁为“笃厚”之义者：

> 子曰：“……君子笃于亲，则民兴于仁；故旧不遗，则民不偷。”（《论语·里仁》）

包咸解曰：“君子能厚于亲属，不遗忘其故旧，行之美者也。则民皆化之，起为仁厚之行，不偷薄。”吴棫以此为曾子之言，翟灏《四书考异》驳之。

子曰："里仁为美，择不处仁，焉得知？"（《论语·里仁》）

朱子《集注》曰："里有仁厚之俗为美。"

子曰："人之过也，各于其党。观过，斯知仁矣。"（《论语·里仁》）

《集注》引程子曰："人之过也，各于其类。君子常失于厚，小人常失于薄。君子过于爱，小人过于忍。"已上言仁，皆有"厚"义。

所谓仁为"慈爱"之义者：

樊迟问仁。子曰："爱人。"（《论语·颜渊》）

宰我问曰："仁者，虽告之曰'井有仁焉'，其从之也？"子曰："何为其然也？君子可逝也，不可陷也；可欺也，不可罔也。"（《论语·雍也》）

孔安国注曰："宰我以仁者必济人于患难，故问有仁人堕井，将自投下从而出之不乎。"朱子《集注》引刘聘君曰："'有仁'之'仁'当作'人'。"盖从井救人，亦是从慈爱之义推之。慈爱为仁本义，余是孳生之义。

所谓仁为"忠恕"之义者，曾子以忠恕为一贯之道，而《论语》多有谓忠恕、恭敬之事为仁者。

仲弓问仁。子曰："出门如见大宾，使民如承大祭。己所不欲，勿施于人。……"（《论语·颜渊》）

"出门如见大宾，使民如承大祭"，即是敬也。孔安国曰："为仁之道，莫尚乎敬。""己所不欲，勿施于人"，即是恕也。故此章言仁，有"敬"与"恕"之义。

子曰："……夫仁者，己欲立而立人，己欲达而达人。能近取譬，可谓仁之方也已。"（《论语·雍也》）

此章言仁，亦是"恕"义。

樊迟问仁。子曰："居处恭，执事敬，与人忠。虽之夷狄，不可弃也。"（《论语·子路》）

右以恭、敬、忠为仁，然恭、敬与忠，义颇有相近者。揆上之"敬恕"与"忠恕"之义，殆又无不本于诚实。惟诚实而后能忠恕，惟诚实而后能恭敬也。

司马牛问仁。子曰："仁者，其言也讱。"……（《论语·颜渊》）

孔安国注曰："讱，难也。"《集注》曰："仁者心存而不放，故其言若有所忍而不易发。"

子曰："刚毅木讷，近仁。"（《论语·子路》）

王肃注曰："刚，无欲也。毅，果敢也。木，质朴也。讷，迟钝也。"

子曰："巧言令色，鲜矣仁。"（《论语·学而》）

前二章皆论诚实者近于仁，后一章则论非诚实者之远于仁也。盖不易发言与刚毅木讷，皆惟诚实者能之，与巧言令色，异日论也。此亦忠之类，故附著于此。

所谓仁为"克己"之义者：

颜渊问仁。子曰："克己复礼为仁。一日克己复礼，天下归仁焉。为仁由己，而由人乎哉？"颜渊曰："请问其目。"子曰："非礼勿视，非礼勿听，非礼勿言，非礼勿动。"颜渊曰："回虽不敏，请事斯语矣！"（《论语·颜渊》）

鲁昭公十二年，楚灵王闻《祈招》之诗而不能节欲，遂以及难。孔子论之曰：

> 古也有志："克己复礼，仁也。"信善哉！楚灵王若能如是，岂其辱于乾谿？（《左传·昭公二年》）

"克己复礼"之义，诸说纠纷。马融《论语注》："克己，约身也。"邢昺据刘炫说，谓"克"训"胜"也，"己"谓"身"也，谓能胜去嗜欲、反复于礼也。朱子盖略本邢《疏》，而训"己"为"私欲"。

> 克，胜也。己，谓身之私欲也。（《论语集注》）

毛奇龄取马融说，证以《左传》之文，且申之曰：

> 克者，约也，抑也。己者，身也。后汉陈仲弓诲盗曰："观君状貌，不似恶人，宜深尅己反善。"别以"克"字作"尅"字，正以掊尅损削，皆深自损抑之义。（《论语稽求篇》）

按：皇侃《疏》已作"尅己复礼"。盖克己、尅己，约身、胜身，皆同一义，不过节欲而已。

先是，孔安国注此章曰："身能反礼，则为仁矣。"其说似未如《集注》之切。然焦循申之曰：

> 孔与马异。孔训“克”为“能”，故云“身能反礼”。邢《疏》解为“约身”，非孔义。（《论语补疏》）

虽然，克己为“制欲”之义，故是古义也。

> 《书》曰：“欲败度，纵败礼。”我之谓矣。夫子知度与礼矣，我实纵欲而不能自克也。[①]（《左传·昭公十年》）
>
> 胜己之私谓之“克”。（扬雄《法言·问神》）

右所谓“克”，皆“制欲”之义。至训“己”为“私欲”，则始自《集注》。或颇有疑之者，然考异邦语原，“己”之义亦尝转而为“私”。如英语 Self 为“己”，Selfish 或 Selfishness [为“私”]；德语 Selbst 为“己”，Selbstheit 为“私”是也。

抑犹有当明者，则克己之义既为“胜欲”，所谓“胜”之云者，将节而制之与？抑禁而绝之与？古之儒者多论寡欲，至宋世理学大盛，则或言无欲。周敦颐《通书》曰：

> 圣可学乎？曰：可。曰：有要乎？曰：有。请问

① 此处引文，是郑国上卿子皮对子羽所说的话，“夫子”指子产。

焉。曰：一为要。"一"者，无欲也，无欲则静虚动直。静虚则明，明则通；动直则公，公则溥。明通公溥，至矣哉！（《圣学》）

《孟子》曰："养心莫善于寡欲。其为人也寡欲，虽有不存焉者，寡矣；其为人也多欲，虽有存焉者，寡矣。"濂溪谓养心不止于寡欲，寡欲又寡，以至于无，则诚立明通。较之《孟子》之言，益为紧切。然孔子似亦主寡欲而不主绝欲，请略举其证：

季康子患盗，问于孔子。孔子对曰："苟子之不欲，虽赏之不窃。"（《论语·颜渊》）

子路问成人。子曰："若臧武仲之知，公绰之不欲，卞庄子之勇，冉求之艺，文之以礼乐，亦可以为成人矣。"（《论语·宪问》）

孔安国释"欲"，以为"多情欲"也，是"不欲"即"情欲不多"之意。

宪问耻。子曰："邦有道，谷；邦无道，谷，耻也。""克、伐、怨、欲不行焉，可以为仁矣？"子曰："可以为难矣，仁则吾不知也。"（《论语·宪问》）

原宪在孔子门人中，最能刻苦自克者也。其言盖几以禁欲为仁，而孔子不许。

焦循曰："董子论仁曰'其事易'，此孔子之指也。'我欲仁，斯仁至矣！''有能一日用其力于仁矣乎？我未见力不足者。'皆以仁为易也。故《易传》曰：'易则易知，简则易从。'《吕览·察微》云：'子贡赎［鲁］人于诸侯，来而让，不取其金。孔子曰："赐失之矣。自今以往，鲁不赎人矣。取其金则无损于行。"子路拯溺者，其人拜之以牛，子路受之。孔子曰："鲁人必拯溺者矣。"'让不取金，不伐不欲也，而赎人之路遂窒。《孟子》称公刘好货，大王好色，与百姓同之，使有积仓而无怨旷。孟子之学，全得诸孔子，此即己达达人、己立立人之义。必屏妃妾、减服食，而于百姓之饥寒仳离，漠不关心，则坚瓠也。故克伐怨欲不行，苦心洁身之士，孔子所不取。不如因己之欲，推以知人之欲；即己之不欲，推以知人之不欲。絜矩取事不难，而仁已至矣。绝己之欲，而不能通天下之志，非所以为仁也。（《论语补疏》）

以上所谓"仁"之意义有五：（一）惠泽；（二）笃厚；（三）慈爱；（四）忠恕（及敬恕等）；（五）克己是也。然此五义皆出于一，相络相系，非凿枘不相入者也。慈爱为仁之本义，能慈爱者，为人自笃厚不偷薄。至其所以能慈爱，则必平日存心敬恕。而慈爱之效即为惠泽。行慈爱之际，尤在先能克己。故此五义，其相通也如此。

孔子所谓仁，虽与今世所谓“利他主义”（Altruismus）者相近。然欧美学者，恒谓利他主义与利己主义不相容，则犹有所偏也。孔子言仁，即无此弊。

孔子言仁，实自、他兼尽，对于己则制欲，对于人则慈爱。盖人之生也，利己心与利他心同时并具；至其发达之序，则利己常先于利他，且利己心视利他心尤猛烈。故欲利他主义之行，不得不于利己心加以节制，有时至掷生命而不顾，此仁者所以必有勇也。

> 子曰：“刚毅木讷，近仁。”（《论语·子路》）
>
> 子曰：“……仁者必有勇，勇者不必有仁。”（《论语·宪问》）
>
> 子曰：“志士仁人，无求生以害仁，有杀身以成仁。”（《论语·卫灵公》）

盖孔子论仁之为德，必以刚勇之道达之。或谓康德言“德”，亦主严肃（Regoristische），疑若相近，其实不然。孔子之所谓“仁”，直以悦乐为体，惟有勇气者，乃能臻于此至上之乐耳。

子曰："……仁者安仁，知者利仁。"（《论语·里仁》）

子曰："仁者不忧，知者不惑，勇者不惧。"（《论语·宪问》）

冉有曰："夫子为卫君乎？"子贡曰："诺。吾将问之。"入曰："伯夷、叔齐何人也？"曰："古之贤人也。"曰："怨乎？"曰："求仁而得仁，又何怨？"出曰："夫子不为也。"（《论语·述而》）

上所谓"安仁"及"仁者不忧""求仁得仁"之类，皆以仁之体可乐，故仁者趋之也。然《论语》又曰：

子曰："知者乐水，仁者乐山。知者动，仁静者。"（《雍也》）

孔安国曰："仁者无欲，故静。"何晏曰："仁者之性，好乐如山之安固，自然不动，而万物生焉。"包咸以为性静者多寿考。盖孔子形容仁者之安然自适其乐，有如此者。

孔子之于伦理，固未当不主乐也。

子曰："知之者不如好之者，好之者不如乐之者。"（《论语·雍也》）

孔子之主乐，宜若近于伦理上所谓“悦乐主义”（Eubemonismus）。但孔子不屑屑于幸福之比较，但以为求仁者自然必致之符而已，此其所异也。

孔子于门人中尤称颜渊，而贤其在陋巷之中不改其乐。宋儒每教人寻孔颜乐处。周子《通书》曰：

> 颜子一箪食，一瓢饮，在陋巷。人不堪其忧，而不改其乐。夫富贵，人所爱也，颜子不爱不求，而乐乎贫者，独何心哉？天地间有至贵至爱可求而异乎彼者，见其大而忘其小焉尔。见其大则心泰，心泰则无不足，无不足则富贵贫贱处之一也，处之一则能化而齐。故颜子亚圣。（《颜子》）
>
> 不愤不启，不悱不发；举一隅不以三隅反，则不复也。子曰：“予欲无言。”“天何言哉？四时行焉，百物生焉。”然则圣人之蕴，微颜子殆不可见。发圣人之蕴，教万世无穷者，颜子也。圣同天，不亦深乎！（《圣蕴》）

此颜子之乐，亦以其知于仁之体深也，故孔子许之。

然犹有不可不辨者，即孔子利他之仁，抑为平等慈爱与？抑为差别慈爱与？

> 司马牛忧曰：“人皆有兄弟，我独亡。”子夏曰：

"商闻之矣：死生有命，富贵在天。君子敬而无失，与人恭而有礼。四海之内，皆兄弟也。君子何患乎无兄弟也？"（《论语·颜渊》）

朱子以"四海之内皆兄弟也"之语，盖闻诸夫子。此二语，实有近于斯多噶派哲学，及基督教之世界一家说（Cosmopolitismus）者也。

子曰："弟子入则孝，出则弟，谨而信，泛爱众而亲仁，行有余力，则以学文。"（《论语·学而》）

"泛爱"二字虽有似于平等慈爱，然孔子之言仁，固不流于平等，实主张爱有差等者也。今列证如下：

子曰："惟仁者能好人，能恶人。"（《论语·里仁》）

子曰："我未见好仁者，恶不仁者。好仁者，无以尚之；恶不仁者，其为仁矣，不使不仁者加乎其身。"（同上）

是则仁人固犹有所好恶，非一切齐视也，唯其好恶必中节耳。

或曰："以德报怨，何如？"子曰："何以报德？以

直报怨，以德报德。”（《论语·宪问》）

此见孔子不认平等慈爱。

孔子以后，学者绍述其说，益以差等慈爱为主。《孝经》曰：

父子之道，天性也，君臣之义也。父母生之，续莫大焉；君亲临之，厚莫重焉。故不爱其亲而爱他人者，谓之悖德；不敬其亲而敬他人者，谓之悖礼。（《圣治》）

《孝经》或以为孔子授曾子，要其书出于曾子之徒者也（详见后）。《中庸》曰：

仁者，人也，亲亲为大。义者，宜也，尊贤为大。亲亲之杀，尊贤之等，礼所生也。

是皆差等慈爱之旨，就孔子言仁之绪而衍之者也。及孟子辟杨子为我与墨子兼爱，于是差等慈爱，遂为儒教之定说；与佛教及基督教之平等慈爱，划然有别矣。

《杂宝藏经》曰：

尔时如来被加陁罗刺，刺其脚足，血出不止。以种种药涂，不能得差。诸阿罗汉于香山中取药涂治，亦复不除。十力加叶至世尊所，作此言曰："若佛如来于一切众生有平等心，于罗睺罗、提婆达多等无有异者，脚血应止。"即时血止，疮亦平复。

此虽寓言，亦足见佛家平等慈爱之精神矣。他佛经此类甚多，不可胜举。姑引此一条为证。

《新约全书·马太福音》曰：

若恒闻人言："以一目报一目，以一齿报一齿。"我则告若：勿与恶为敌。人批若右颊，当并转左颊向之；人讼若欲得若内服，当并弛外服付之；人强若役一里，与偕役十里。有求于若必予，有贷于若必勿却。

若恒闻人言："爱厥友，勿爱厥仇。"我则告若：必爱若仇。咒若者，若祝其福；憎若者，若遇之善；谤若、侮辱若者，若颂祷其美。如此，则若在天之父，其子若矣。在天之父擢日照于善，亦照于不善；雨于义，亦雨于不义。亶爱爱己者，焉攸赉？……若其毕法若在天之父。（第五章第三十八节至四十八节。未据旧译。）

右可见基督教之博爱主义矣。

今姑不论平等慈爱与差等慈爱之得失，请略考孔子言仁之性质如左。

仁与孔子学说，关系至重。前已论孔子言仁为差等慈爱矣，至其字义，朱子曰：

> 仁者，爱之理，心之德。（《论语集注》）

此以仁为“慈爱”，然不属于情，而实为“德”之专名。朱子又曰：

> 仁、义、礼、智，人性之纲。（《小学题辞》）
> 仁者，无私心而合天理之谓。（《孟子章句》）

此又以仁为“性”之名，盖本《白虎通》五性之说。又如《论语》曰：

> 舜举皋陶，不仁者远矣。汤举伊尹，不仁者远矣。[1]（《论语·颜渊》）

此言仁又有“善”义。儒、道、杨、墨诸家，并常以“仁”为“善”义。其余古书论“仁”之字义者甚多，大抵或为

---

① 此节原文为：“舜有天下，选于众，举皋陶，不仁者远矣。汤有天下，选于众，举伊尹，不仁者远矣。”——编注

德之名，或为性之名，或为善之名，不复备举矣。

夫道，一而已：曰中庸，曰礼，曰仁，皆在此一贯之道之中。然中庸为一贯之道之形式，礼与仁为其实质。就中礼又为存于外者，仁为存于内者。列表如下：

一贯之道
- 形式…………中庸
- 实质…………
  - 存于外……礼
  - 存于内……仁

中之理虚，而仁与礼之用实。道之体具于礼矣，而仁则礼意之精者也。孔子关于伦理政治之事，其言中庸与礼与仁，一何详与！学者多谓中与礼，先圣之所常言，惟仁自孔子始发之。孔子以后，儒家尤好言仁，由周自汉，则曾子、子思、孟子、董仲舒；宋以下，则程明道、伊川、朱晦庵诸人。孔子言仁，曾子则兼言仁义，孟子以仁、义、礼、智并举，董仲舒又以仁、义、礼、智、信为五常。孟子四端说与仲舒五常说，世所习知。今但考曾子言仁义先于孟子，得究孔子以下言仁之变焉。

程子曰："仲尼只说一个'仁'字，孟子开口便说'仁义'。"至是，学者多谓"仁义"并举始于孟子。窃尝考之，则孟子以前，固有言仁义者，曾子尤昌言之。在孔子时，世已恒用"仁义"并称，惟未树以为学说之根本耳。如

《老子》曰：

> 大道废，有仁义。（第十八章）
>
> 上仁为之而无为，上义为之而有以为。（第三十八章）

《列子》曰：

> 昆弟二人，同师而学，进仁义之道。（《说符》）

此亦“仁义”并举，几似谓当时有以仁义树学派者。顾《列子》书或谓后人依托，未可尽据，而《礼记》及他书又往往有仁义之说。

> 道德仁义，非礼不成。（《礼记·曲礼上》）
>
> 春作夏长，仁也；秋敛冬藏，义也。仁近于乐，义近于礼。（《礼记·乐记》）
>
> 独居思仁，公言言义。（《大戴礼记［·卫将军文子］》）
>
> 子路曰：“所学于夫子者，仁义也。”（《韩非子·外储说右上》）

右所引或曾子、孟子以后，仁义说既盛，言者遂每以“仁义”字记入旧文，未必即当时所言。何以明之？孔子言“仁”，多括“义”字之意于中，如“杀身成仁”及“仁者必有勇”，又论伯夷、叔齐之“求仁得仁”与“殷有三仁”。是所谓“仁”，即所谓“义”，故疑当时“仁义”字似未习用也。

孔子以后，或在曾子前后，“仁义”字颇散见诸书中。《易·说卦传》（《说卦传》非孔子所作。）所曰：

> 立人之道，曰仁与义。

《左传·庄公二十二年》：君子曰：

> 酒以成礼，不继以淫，义也；以君成礼，弗纳于淫，仁也。

《中庸》：

> 仁者，人也；亲亲为大。义者，宜也；尊贤为大。

亦“仁、义”对举。《家语》引此，并作孔子语，然有谓“仁者人也”以下，系子思之辞者。

《家语》固未可信也。至于《论语》《孟子》《礼记》等记曾子语，多有主于正义者：

> 曾子有疾，孟敬子问之。曾子言曰：“鸟之将死，

其鸣也哀；人之将死，其言也善。君子所贵乎道者三：动容貌，斯远暴慢矣；正颜色，斯近信矣；出辞气，斯远鄙倍矣。笾豆之事，则有司存。”（《论语·泰伯》）

曾子曰：“可以托六尺之孤，可以寄百里之命，临大节而不可夺也，君子人与？君子人也。”（同上）

曾子曰：“士不可以不弘毅，任重而道远。仁以为己任，不亦重乎？死而后已，不亦远乎？”（同上）

曾子曰：“胁肩谄笑，病于夏畦。”（《孟子·滕文公下》）

曾子寝疾，病。乐正子春坐于床下，曾元、曾申坐于足，童子隅坐而执烛。童子曰：“华而皖，大夫之箦与？”子春曰：“止！”曾子闻之，瞿然曰：“呼！”曰：“华而皖，大夫之箦与？”曾子曰：“然。斯季孙之赐也，我未之能易也。元，起易箦。”曾元曰：“夫子之病革矣，不可以变，幸而至于旦，请敬易之。”曾子曰：“尔之爱我也不如彼。君子之爱人也以德，细人之爱人也以姑息。吾何求哉？吾得正而毙焉斯已矣。”举扶而易之。反席未安而没。（《礼记·檀弓上》）

观上所列诸条，曾子守正不苟如此。虽未明言“义”，然皆义之事也。其以“仁义”并称者：

曾子曰：“晋楚之富，不可及也。彼以其富，我以

吾仁；彼以其爵，我以吾义。吾何慊乎哉！”（《孟子·公孙丑下》）

《大戴记》中所收“曾子十篇”，以“仁义”并称者，不一而足。

尊仁安义，可谓用劳乎？（《曾子本孝》）

……士执仁与义而明行之。……（《曾子制言》）

……君子思仁义，昼则忘食，夜则忘寐，日旦就业，夕而自省，以殁其身。……（同上）

凡行不义，即吾不事；不仁，则吾不长；奉相仁义，则吾与之聚群。（同上）

据此等语，则孔子言“仁”，演而言“仁义”者，实自曾子；子思、孟子，皆绍曾子之绪而已。孔子一贯之道，实统中庸与礼与仁，而子思多言中庸，孟子、董子、二程子、朱子多言仁义，荀卿多言礼，则所见之略有不同也。今粗掇荀卿言礼之要附于末。

荀子尝言：“离居不相待则穷，群而无分则争。”故论其匡救之术曰：

治之经，礼与刑。（《荀子·成相》）

盖荀子之言治，以礼为积极之方法，以刑为消极之方法。积极之方法既奏其效，则消极之方法可措而不用。故荀子尤重礼：

礼者，治辩之极也，强国之本也，威行之道也，功名之总也。王公由之，所以得天下也；不由，所以陨社稷也。故坚甲利兵，不足以为胜；高城深池，不足以为固；严令繁刑，不足以为威。由其道则行，不由其道则废。（《荀子·议兵》）

国无礼则不正。礼之所以正国也，譬之犹衡之于轻重也，犹绳墨之于曲直也，犹规矩之于方圆也，故错之而人莫能诬也。（《荀子·王霸》）

礼者，人主之所以为群臣寸尺寻丈检式也。（《荀子·儒效》）

其《礼论篇》言之尤详，曰：

天地以合，日月以明，四时以序，星辰以行，江河以流，万物以昌，好恶以节，喜怒以当，以为下则顺，以为上则明，万物变而不乱，贰之则丧也。礼岂不至矣哉！至隆以为极，而天下莫之能损益也。本末相顺，终始相应，至文以有别，至察以有说。天下从之者治，不从者乱；从之者安，不从者危；从之者存，不从者亡。

小人不能测也，礼之理诚深矣。……君子审于礼，则不可欺以诈伪。……故……礼者，人道之极也。

孔子言中，言礼，言仁，无不统于一贯之道，后之儒家，始各尊所闻，要同出于孔子耳。

第六章　孔子伦理学说一（义务论）

近世所谓伦理之根本概念者有三，曰善、曰德、曰义务是也。考西洋伦理学史，则古代学者主善，中世学者主德，近世学者主义务，皆因世异尚，希能同时具求三者之义而观其会通也。惟吾国儒家之说，则善论、德论、义务论，莫不皆备。故《系辞传》之言太极，《中庸》之言诚，程、朱之言性理，即至善论也；五常之说，即德论也；五伦之说，即义务论也。就中五常、五伦，久为儒家定义，无论其学派如何，苟自附于儒者之林，则必宗焉。至于太极与诚及性理之辨，学者恒有异说，或主于日用之常行，或求之天人之微眇，固莫得详论于此矣。要之，至善论、德论、义务论三者，皆自儒家所具，其学说或远承自数十百年以前，非尽孔子所创，然孔子实集其大成，不可不察也。

孔子之至善论，于《系辞传》太极说可略见其端；至于子思，言诚而益详；及宋、明诸儒，则遂立一形而上学之系统矣，当于后“孔子晚年思想”章述之。兹先述德论，次及义务论。

前章已论孔子一贯之道，存于外者为礼，存于内者为仁。故夫仁者，诸德之本也。然孔子所谓“仁”，有时“义”亦在其中。曾子始并言“仁义”。孟子称“仁义”尤数，且并举仁、义、礼、智为“四端”。至董仲舒，又于四端增一“信”字，倡言“五常”，立后世德论之系统。盖皆渊源于孔子。然孔子之时，犹仅言知、仁、勇“三德”也。今以见于《论语》《中庸》者征之。

子曰：“君子道者三，我无能焉：仁者不忧，知者不惑，勇者不惧。”子贡曰：“夫子自道也。”（《论语·宪问》）

子曰：“好学近乎知，力行近乎仁，知耻近乎勇。”（《礼记·中庸》）

但孔子以前，已有以仁、知、勇并举者，《国语》曰：

人谓申生曰：“非子之罪，何不去乎？”申生曰：“不可。去而罪释，必归于君，是恶君也。章父之恶，取笑诸侯，吾谁乡而入？内困于父母，外困于诸侯，是重困也；弃君去罪，是逃死也。吾闻之：仁不恶君，知不重困，勇不逃死。若罪不释，去而必重。去而罪重，不知；逃死恶君，不仁；有罪不死，无勇。去而厚恶，恶不可重，死不可避，吾将伏以俟命。”（《晋语二》）

申生之杀，在周惠王二十二年，（即民国前二千五百六十六年，在孔子前百有四年。）而申生称“吾闻之”，则古夙以知、仁、勇三德并称矣。《国语》又曰：

战胜大国，武也。杀无道而立有道，仁也。胜无后害，知也。（《晋语三》）

右晋惠公六年，（即民国前二千五百五十六年。）秦公子絷之言也。“武”与“勇”同义，仍是知、仁、勇并举。又记晋厉公七年郤至之言曰：

至闻之：武人不乱，知人不诈，仁人不党。（《晋语六》）

以上皆孔子以前称知、仁、勇三德之证。若揆以今世之伦理法，则殆由心理之基，以析成此三德。近世康德诸人，于心理分知、情、意三类，智属于知，仁属于情，勇属于意，其旨趣有相近者。于是子思曰：

知、仁、勇三者，天下之达德也。（《礼记·中庸》）

自子思以后，知、仁、勇三德之分类法，希有详为剖析者，但广四端、五常之说焉。

今当考孔子之义务论。孔子夙主五伦，然其渊源，实肇自孔子以前。《书》曰：

> 慎徽五典，五典克从。(《舜典》)
>
> 帝曰："契，百姓不亲，五品不逊。汝作司徒，敬敷五教在宽。"(同上)

孔安国解"五典"曰"五常之教"，郑玄以为"五教也"。五典、五教，皆指五常。然此所谓"五常"，又非后世所称仁、义、礼、智、信，盖即五伦也。五伦之目，孟子始言之：

> 人之有道也，饱食、煖衣、逸居而无教，则近于禽兽。圣人有忧之，使契为司徒，教以人伦：父子有亲，君臣有义，夫妇有别，长幼有序，朋友有信。(《孟子·滕文公上》)

是孟子以契敷五教为五伦也。然《左传》曰：

> 举八元，使布五教于四方，父谊、母慈、兄友、弟恭、子孝，内平外成。(《文公十八年》)

由《左传》之说，则契敷五教，为对于父母兄弟子之教，与孟子异。然《左传》之说，固不如孟子之备也。自社会进化之例以推，则古圣所以施教，当先如《左传》说，次乃进于孟子之五伦。盖孟子所举“五伦”之名，孔子以前，盖罕征也。《大戴记》曰：

……父慈、子孝、兄爱、弟敬，此昔先王之所以先施于民也。（《四代》）

右盖孔子论古者教民之事，以告鲁哀公者，以之与《左传》五教相较，仅合父谊、母慈为一。则《左传》之说，宜真古之五教与？《书经·康诰》曰：

王曰：“封。元恶大憝，矧惟不孝不友。子弗祗服厥父事，大伤厥考心；于父不能字厥子，乃疾厥子。于弟弗念天显，乃弗克恭厥兄；兄亦不念鞠子哀，大不友于弟。……”

右武王命其弟康叔之语，乃以父字、子服、兄友、弟恭为说，粗与《大戴记·四代》同，此《左传》五教，古有所本之证。

然父谊、母慈、兄友、弟恭、子孝之目，仅为家庭道德之恒规，而其间犹无夫妇之伦，其不备也如此。若推道德进化之序，由尧舜以至孔子，其制为伦理之准者，固宜代有所迁改，而日际于详明，此无足怪。《易·彖传》或以出孔子前，《家人·彖》曰：

父父，子子，兄兄，弟弟，夫夫，妇妇，而家道正。

此已有夫妇之伦，然尚仅论家道也。至孔子时，国家伦理始著。

齐景公问政于孔子，孔子对曰："君君，臣臣，父父，子子。"（《论语·颜渊》）

君臣父子之道德，在封建时最适于治，故齐景公以为问，而孔子答之如此。视《左传》所述契五教之目仅列父、母、兄、弟、子者，又增入君臣之义务。若《左传》所记为审，则此君臣之义务，固宜起自五教之后。周时颇多与此近似之语，不始于孔子也。《国语》管仲曰：

为君不君，为臣不臣，乱之本也。（《齐语》）

又载晋勃鞮语曰：

> 事君不贰是谓臣，好恶不易是谓君。君君臣臣，是谓明训。（《晋语四》）

翟灏《四书考异》据《国语》，以“君君臣臣”之语必周先王之典训，而勃鞮引用之，孔子又引用之。然则中国伦理，今由左氏所记五教考之，则唐虞已具家庭伦理；此后渐具国家伦理，增入君臣之义务，盖及孔子时而大备矣。

《大戴礼·哀公问于孔子篇》，尝言夫妇、父子、君臣之义务。

> 公曰：“敢问为政如之何？”孔子对曰：“夫妇别，父子亲，君臣义，三者正则庶民从之矣。”

班固《白虎通》依此分类，有“三纲六纪”之说。

> 三纲者何谓也？谓君臣、父子、夫妇也。六纪者，谓诸父、兄弟、族人、诸舅、师长、朋友也。（《三纲六纪》）

班固既分纲、纪为二，云“三纲法天地人，六纪法六合”，盖六纪之中，已兼及社会义务矣。

至于子思，由孔子之君君、臣臣、父父、子子及夫妇别、父子亲、君臣义等，而定义务之分类，益加详密。其言曰：

> 君臣也，父子也，夫妇也，昆弟也，朋友之交也，五者天下之达道也。(《中庸》)

然则五伦之目，实确定于子思，增入朋友之交，则通于社会之义务矣；子思以后，乃见于孟子之书。此其进化之序，粲然可考。惟孟子明言是契之五教，则与左氏不合，为可疑耳。孟子以下，五伦遂垂为儒教定说焉。

第七章　孔子伦理学说二（孝弟论）

孔子之于伦理，尤重实行而不尚空言。请以《论语》征之。

> 子贡问君子。子曰：“先行其言，而后从之。”（《为政》）
>
> 子曰：“古者言之不出，耻躬之不逮也。”（《里仁》）
>
> 子曰：“君子欲讷于言而敏于行。”（同上）

以上皆先行后言之意。然果能实行其德，则化可及于四方。

> 子曰：“德不孤，必有邻。”（《论语·里仁》）
>
> 孔子曰：“德之流行，速于置邮而传命。”（《孟子·公孙丑［上］》）

德虽感化甚速，又必自近而远，故当始自身心，以推而达之家国天下。孔子盖以家庭道德，为治国平天下之根本。

或谓孔子曰："子奚不为政？"子曰："《书》云：'孝乎！惟孝，友于兄弟，施于有政。'是亦为政，奚其为为政？"（《论语·为政》）

于是孔子乃以"孝、弟"二字为家庭道德之根柢。

子曰："弟子入则孝，出则弟。……"（《论语·学而》）

孔子既重孝，今考孔子所谓"孝"之内容，当析为三：一曰服从，二曰养志，三曰几谏。

子曰："父在观其志，父没观其行。三年无改于父之道，可谓孝矣。"（《论语·学而》）

孟懿子问孝。子曰："无违。"樊迟御，子告之曰："孟孙问孝于我，我对曰：'无违。'樊迟曰："何谓也？"子曰："生，事之以礼；死，葬之以礼，祭之以礼。"（《论语·为政》）

汉魏学者于"无违"二字不加训释，以其义自瞭也，盖无违父之志，即"服从"之义云尔。且孔子又申之曰："生，事之以礼；死，葬之以礼，祭之以礼。"此皆无违之事矣。

> 曾子曰："吾闻诸夫子：'孟庄子之孝也，其他可能也；其不改父之臣与父之政，是难能也。'"（《论语·子张》）

盖"无违"之义，通于生死，生当服从其命，没犹当服从其志，乃谓之孝。观曾子所述，则夫子之说，当时本义如此。

在封建制度时代，即无故不改臣、改政，或不害于事。秦汉以降，时势变迁，乃有疑孔子之说，有所不行者。于是皇侃为之辞曰：

> 或问曰："若父政善，则不改为可。若父政恶，恶教伤民，宁可不改乎？"答曰："本不论父政之善恶，自谓孝子之心耳。若人君风声之恶，则冢宰自行政；若卿大夫之心恶，则其家相邑宰自行事，无关于孝子也。"（《论语·学而》）

皇侃之说，不可不谓之新解，盖欲使孔子之说与时势相协，故云然耳。宋神宗用王安石、吕惠卿行新法，百姓怨苦。哲宗继立，太后尚闻政事，时将相司马光，废新法，议者亦引"三年无改"之说，而光正言折之。特撮录其本传，以资参考。

是时天下之民引领拭目，以观新政，而议者犹谓“三年无改于父之道”，但毛举细事，稍塞人言。光曰：“先帝之法，其善者虽百世不可变也。若安石、惠卿所建，为天下害者，改之当如救焚拯溺。况太皇太后以母改子，非子改父。”众议甫定。（《宋史·司马光传》）

先是，欧阳修已疑此语非孔子旨。朱子《论语集注》则曰：“无违谓不背于理。”要之，孔子本义，似是服从之意耳。

既论服从，当更论养志。

孟武伯问孝。子曰：“父母唯其疾之忧。”（《论语·为政》）

子游问孝。子曰：“今之孝者，是谓能养。至于犬马，皆能有养。不敬，何以别乎？”（《同上》）

子夏问孝。子曰：“色难。有事，弟子服其劳；有酒食，先生馔。曾是以为孝乎？”（《同上》）

已上即言凡为孝者，不仅养父母之身，又当养父母之志也。

子曰：“父母在，不远游，游必有方。”（《论语·里仁》）

此章一以示服从之义，一以明养志之道。朱子曰：

> 远游则去亲远而为日久，定省旷而音问疏。不惟己之思亲不置，亦恐亲之念我不忘也。游必有方，如已告云之东，则不敢更适西，欲亲必知己之所在而无忧，召己则必至而无失也。（《论语集注》）

服从与养志虽为孝之本，然此可以道其常，而不可以道其变也。若夫人子当父母有过之际，则若何而后可乎？

> 子曰："事父母几谏。见志不从，又敬不违，劳而不怨。"（《里论·仁语》）

此亦不外于服从与养志之际，而益起其敬孝，使父母徐悟而自致于善焉耳。

孔子重孝，故卒主张三年之丧。或曰：三年丧盖古礼，而孔子祖述之。或曰：三年丧实自孔子始定，为儒教之所宗也。荀子尝论三年丧之义曰：

> ……曰："至亲以期断。是何也？"曰："天地则已易矣，四时则已遍矣，其在宇中者，莫不更始矣，故

先王案以此象之也。”“然则三年何也?”曰:“加隆焉,案使倍之,故再期也。”(《荀子·礼论》)

三年丧固当是周制,然《尧典》已有“如丧考妣三载”之语。惟《墨子·非儒》则谓是儒家所制,虽亦有确证,要在孔子时,三年丧已渐不行。孔子复力主之,高弟如宰我,犹以为疑。

宰我问:“三年之丧,期已久矣。君子三年不为礼,礼必坏;三年不为乐,乐必崩。旧谷既没,新谷既升,钻燧改火,期可已矣?”子曰:“食夫稻,衣夫锦,于女安乎?”曰:“安。”“女安则为之!夫君子之居丧,食旨不甘,闻乐不乐,居处不安,故不为也。今女安,则为之!”

宰我出。子曰:“予之不仁也!子生三年,然后免于父母之怀。夫三年之丧,天下之通丧也。予也,有三年之爱于其父母乎?”(《论语·阳货》)

《孟子》载滕世子欲行三年丧,父兄百官皆不欲,以为“吾宗国鲁先君莫之行,吾先君亦莫之行也”,则知三年丧废已久。自孔子以来,儒者始主行之,故墨子以为儒者之法,而矫为薄葬之说也。

孔子之孝弟论，尝为有若所述，见于《论语》。

有子曰："其为人也孝弟，而好犯上者，鲜矣；不好犯上，而好作乱者，未之有也。君子务本，本立而道生。孝弟也者，其为仁之本与！"（《学而》）

皇侃《疏》曰："此更以孝弟解本，以'仁'释'道'也。言孝是仁之本，若以孝为本，则仁乃生也。"要至曾子，而言孝益详。古书莫不称曾子至孝者，今略录一二于后。

曾子每读《丧礼》，泣下沾襟。常以一夕五起，视衣之厚薄，枕之高卑。（《尸子》）

曾子孝于父母，昏定晨省，调寒温，适轻重，勉之于糜粥之间，行之于衽席之上，而德美重于后世。（《新语》）

曾子养曾皙，必有酒肉；将彻，必请所与；问有余，必曰"有"。……若曾子，则可谓养志也。（《孟子·离娄［上］》）

曾皙嗜羊枣，而曾子不忍食羊枣。（《孟子·尽心［下］》）

曾子出薪于野，有客至而欲去，曾母曰："愿留，参方到。"即以右手搤其左臂，曾子左臂立痛，即驰

至，问母臂何故痛。母曰："今者客来欲去，吾搤臂以呼汝耳。"（《论衡》）

曾子有疾，召门弟子曰："启予足！启予手！《诗》云：'战战兢兢，如临深渊，如履薄冰。'而今而后，吾知免夫！小子！"（《论语·泰伯》）

《论衡》所记甚异，盖曾子以至孝名于天下，故说者云尔。孝弟之至，通于神明，其此之谓耶？《大戴记》"曾子十篇"，有《曾子本孝》《曾子立孝》《曾子大孝》《曾子事父母》四篇，其言孝，极丁宁反复之意，可谓委曲详尽矣。其语与孔子略同者：

孝子之使人也，不敢肆行，不敢自专也；父死三年，不敢改父之道。（《曾子本孝》）

此即服从父母为孝也。

孝有三：大孝尊亲，其次不辱，其下能养。（《曾子大孝》）

孝有三：大孝不匮，中孝用劳，小孝用力。（同上）

……养可能也，敬为难；敬可能也，安为难；安可能也，久为难；久可能也，卒为难。（同上）

此以爱敬之诚意为孝，即养志之义也。

> 君子之孝也，忠爱以敬；反是，乱也。尽力而有礼，庄敬而安之，微谏不倦，听从而不怠，懽欣忠信，咎故不生，可谓孝矣。（《曾子立孝》）
>
> 君子之所谓“孝”者，先意承志，谕父母于道。（《曾子大孝》）
>
> 爱而敬，父母之行若中道则从，若不中道则谏；谏而不用，行之如由己。从而不谏，非孝也；谏而不从，亦非孝也。达善而不敢争辨。争辨者，作乱之所由兴也。由己为无咎则宁，由己为贤人作〔则〕乱。（《曾子事母孝》）

此则由服从与养志二义，以求谕父母于道，自几谏之意而广之也。

曾子之言孝，自承孔子之绪论外，其分析条理，有益详者：

（一）区别王公、卿大夫、士、庶人之孝。

> 君子之孝也，以正致谏。（卿大夫之孝）士之孝也，以德从命。（士之孝）庶人之孝也，以力恶食。（庶人之孝）任善，不敢臣三德。（王公之孝）（《曾子本孝》）
>
> 孝有三：大孝不匮，中孝用劳，小孝用力。博施

备物，可谓不匮矣。（王公之孝）尊仁安义，可谓用劳矣。（卿大夫、士之孝）慈爱忘劳，可谓用力矣。（庶人之孝）（《曾子大孝》）

（二）以孝为一切德之根本。

……居处不庄，非孝也；事君不忠，非孝也；莅官不敬，非孝也；朋友不信，非孝也；战阵无勇，非孝也。……（《曾子大孝》）

未有君而忠臣可知者，孝子之谓也；未有长而顺下可知者，弟弟之谓也。（《曾子立孝》）

民之本教曰孝。……夫仁者，仁此者也；义者，宜此者也；忠者，中此者也；信者，信此者也；礼者，礼此者也；行者，行此者也；强者，强此者也；乐自顺此生，刑自反此作。（《曾子大孝》）

（三）以孝为形而上学之旨趣。

夫孝者，天下之大经也。夫孝，置之而塞于天地，衡之而衡于四海，推诸后世而无朝夕，推而放诸东海而准，推而放诸西海而准，推而放诸南海而准，推而放诸北海而准。（《曾子大孝》）

今当考曾子论孝与《孝经》之关系。《孝经》之所为作，古来盖有四说：

（一）以《孝经》为孔子自著。《孝经钩命诀》曰：

> 子曰："吾志在《春秋》，行在《孝经》。"孔子在庶，德无所施，功无所就，志在《春秋》，行在《孝经》。以《春秋》属商，《孝经》属参。

刘歆《七略》、何休《公羊注》、陆德明《经典释文》、邢昺《正义》等，均从此说。

（二）以《孝经》为曾子所著。孔安国说，清姜兆锡《孝经本义》从之。

（三）以《孝经》为曾子门人所著。则胡寅、晁公武、何异孙等之说，或直以子思作之。（以其文体近《中庸》。）冯椅《古孝经辑注》、潘府《孝经正误》、汪宇《孝经考异》等从之。

（四）以《孝经》为后人伪作。此汪端明说，朱子据之著《孝经刊误》，为经一章、传十四章，谓传文则齐鲁陋儒采《左氏》诸书而为之也。

若欲明已上诸说之得失，不可不就《孝经》之内容一详覈之。盖《孝经》言孝，实有与曾子思想类似者数端。

（一）分天子、诸侯、卿大夫、士、庶人之孝为五等。

爱亲者不敢恶于人，敬亲者不敢慢于人。爱敬尽于事亲，而德教加于百姓，刑于四海。盖天子之孝也。

《甫刑》云："一人有庆，兆民赖之。"在上不骄，高而不危；制节谨度，满而不溢。高而不危，所以长守贵也；满而不溢，所以长守富也。富贵不离其身，然后能保其社稷，而和其民人。盖诸侯之孝也。

《诗》云："战战兢兢，如临深渊，如履薄冰。"非先王之法服不敢服，非先王之法言不敢道，非先王之德行不敢行。是故非法不言，非道不行；口无择言，身无择行；言满天下无口过，行满天下无怨恶。三者备矣，然后能守其宗庙。盖卿大夫之孝也。

《诗》云："夙夜匪懈，以事一人。"资于事父以事母而爱同，资于事父以事君而敬同。故母取其爱，而君取其敬，兼之者父也。故以孝事君则忠，以敬事长则顺。忠顺不失，以事其上，然后能保其禄位，而守其祭祀。盖士之孝也。

《诗》云："夙兴夜寐，无忝尔所生。"因天之道，分地之利，谨身节用以养父母，此庶人孝也。故自天子至于庶人，孝无终始，而患不及者，未之有也。（《天子》至《庶人章》）

（二）以孝为百行之渊源。

夫孝者，德之本也，教之所由生也。（《开宗明义》）

爱敬尽于事亲，而德教加于百姓，刑于四海。（《天子》）

天地之性，人为贵。人之行，莫大于孝。（《圣治》）

圣人之德，又何以加于孝乎？（同上）

（三）以孝有形而上学之旨趣。

夫孝，天之经也，地之义也，民之行也。天地之经，而民是则之。则天之明，因地之利，以顺天下。（《三才》）

《孝经》之说，其思想与曾子相类若此。今就《孝经》出于何人，约为甲、乙、丙三说：（甲）以孔子以其意口授曾子。（乙）谓曾子自论次其意。（丙）谓曾子门人述曾子之意而为书也。

（甲）说之未必是者，即《孝经》言孝，多有形而上学之旨趣，此《论语》所未尝言，疑不出于孔子之自述也。（乙）说之未必是者，则曾子言孝散见于《大戴记》诸书者甚众，未若《孝经》之简括而整齐。则《孝经》宜为后出之书，乃能有是综合之观也。故今考《孝经》，宜为曾子门人述曾子之意，而又托诸闻于夫子；然皆自孔子之绪论，益推析而详说之，是以备论于孔子孝弟论之末。

第八章　孔子伦理学说三（君子论）

孔子之道广大，而尤重实践。夫仁人与圣人，既不易得而几矣，其次惟君子可学而至，故孔子每称君子。然君子之义有二：一以喻其位，一以喻其德。孔子所谓“君子”，喻德者多，喻位者少。请试考之。

孔子所谓“君子”，非通一能一艺之人而已，故《论语》曰：

> 子曰：“君子不器。”（《为政》）

包咸解曰：“器者，各周其用。至于君子，无所不施也。”朱子因之曰：“器者，各适其用，而不能相通。成德之士，体无不具，故用无不周，非特为一材一艺而已。”然则所谓“君子”者，外既不胥属以技能之末自暴，而内之所养，尤有以殊绝于众人，不可不详也。

（甲）君子必有文质之美

> 子曰：“先进于礼乐，野人也；后进于礼乐，君子

也。如用之，则吾从先进。”（《论语·先进》）

先进、后进，说者多异，或以为先辈、后辈也。皇侃《疏》曰：“‘先辈’谓五帝以上也，‘后辈’谓三王以还也。”意者以殷以前为野人，周以后为君子。朱子《集注》曰：“野人谓郊外之民，君子谓贤士大夫也。”盖循进化之序，则先朴后华。后人之文，宜胜于古人；而都邑士大夫之文，宜胜于郊外之民，故谓之君子，以其有文言之也。然曰“如用之，则吾从先进”者，则以文胜亦足为病，必文质交美，乃无忝于君子之名耳。

子曰：“质胜文则野，文胜质则史。文质彬彬，然后君子。”（《论语·雍也》）

君子者道绷〔弸〕于中，而后襮之以艺，故外有诗书礼乐之饰，而内秉懿德，此“文质彬彬”之谓也。

子谓子夏曰：“女为君子儒，无为小人儒。”（《论语·雍也》）

皇侃《疏》曰：“儒者，濡也。夫习学事久，则濡润身中，故谓久习者为儒也。”《集注》引程子曰：“君子儒为己，小人儒为人。”又谢氏曰：“君子、小人之分，义与利之间而已。然所谓“利”者，岂必殖货财之谓？以私灭公，适己自便，凡可以害天理者皆利也。子夏文学虽有余，然意其远者大者或昧焉，故夫子语之以此。”然则君子儒当文质兼备，小人儒或质不逮文。子夏偏长文学，故夫子以此戒之与？

子游曰：“子夏之门人小子，当洒扫、应对、进退，则可矣。抑末也，本之则无。如之何？”（《论语·子张》）

正其衣冠，齐其颜色，嗛然而终日不言，是子夏氏之贱儒也。（《荀子·非十二子》）

已上皆论为子夏之学者之弊。夫子早于此深戒之，非无谓也。凡应对、进退、容色之观，皆属于文，然犹其在外者也，而内则有本焉。本即质也，质则德行之事也，当论于后。

（乙）君子必有道德之养

子曰：“君子求诸己，小人求诸人。”（《论语·卫灵公》）

何晏注曰：“君子责己，小人责人。”皇侃释之曰：“求，责也。君子自责己德行之不足，不责人也。”此可见君子当以修德为务矣。然孔子所谓“君子之道”如何，请得论之。

一、君子不贵空言而重实行。

子曰：“君子食无求饱，居无求安，敏于事而慎于言，就有道而正焉，可谓好学也已。”（《论语·学而》）

子贡问君子。子曰：“先行其言，而后从之。”（《论语·为政》）

此章皇侃以来，皆自“言”字绝句，惟沈括《梦溪笔谈》曰：“‘先行’当为句，‘其言’自当后也。”翟灏《四书考异》从之。《论语》又曰：

子曰：“君子欲讷于言而敏行。”（《里仁》）

子曰：“君子耻其言而过其行。”（《宪问》）

二、君子尚义。

子曰：“君子喻于义，小人喻于利。”（《论语·里仁》）

子曰：“君子之于天下也，无适也，无莫也，义之与比。”（同上）

子路曰：“君子尚勇乎？”子曰：“君子义以为上。君子有勇而无义为乱，小人有勇而无义为盗。”（《论语·阳货》）

已上明言君子尚义。亦有未明言义，而意旨相同者。

子曰："君子周而不比，小人比而不周。"（《论语·为政》）

孔安国注曰："忠信为周，阿党为比。"皇侃《疏》以"周是博遍之法，故谓为忠信；比是亲狎之法，故谓为阿党耳"。朱子亦云："周，普遍也；比，偏党也。皆与人亲厚之意，但周公而比私耳。"然则公即义也，私即利也，是犹之义利之辨矣。

子曰："君子和而不同，小人同而不和。"（《论语·子路》）

君子所以不同者，亦以非义之所在故也。

三、君子必谦逊。

子曰："君子无所争，必也射乎！揖让而升，下而饮，其争也君子。"（《论语·八佾》）

君子无所争，明其以谦逊为本也。然礼之所在，则不可不争；非争也，所以行礼也。

子曰："君子矜而不争，群而不党。"（《论语·卫灵公》）

虽然，君子之争，不得谓之争，但矜而已矣。故《集注》释之曰："庄以持己曰矜。然无乖戾之心，故不争。和以处众曰群。然无阿比之意，故不党。"

四、君子必悦乐。所谓"内省不疚，夫何忧何惧"者也。

子曰："君子泰而不骄，小人骄而不泰。"（《论语·子路》）

子曰："……人不知而不愠，不亦君子乎？"（《论语·学而》）

子曰："君子坦荡荡，小人长戚戚。"（《论语·述而》）

以上所论，盖举孔子所称君子之一体而言之。孔子固又尝论君子之全德矣。

子曰："君子义以为质，礼以行之，孙以出之，信以成之。君子哉！"（《论语·卫灵公》）

盖必合文质之美与道德之养，而后可以为君子。故朱子曰："君子者，成德之名也。"

第九章　孔子政治学说一（德治论）

孔子一贯之道，存于外者为礼，存于内者为仁。故就礼而施为政事，一以德为主。

子曰："为政以德，譬如北辰，居其所而众星共之。"（《论语·为政》）

子曰："道之以政，齐之以刑，民免而无耻；道之以德，齐之以礼，有耻且格。"（同上）

子曰："夫民，教之以德，齐之以礼，则民有格心；教之以政，齐之以刑，则民有遁心。"（《礼记·缁衣》）

夫将以德为治，则不可不先修己之德，而后人则而化之也。

季康子问政于孔子。孔子对曰："政者，正也。子帅以正，孰敢不正？"（《论语·颜渊》）

季康子患盗，问于孔子。孔子曰："苟子之不欲，

虽赏之不窃。”（同上）

季康子问政于孔子曰：“如杀无道，以就有道，何如？”孔子对曰：“子为政，焉用杀？子欲善而民善矣。君子之德，风；小人之德，草；草上之风，必偃。”（同上）

子曰：“其身正，不令而行；其身不正，虽令不从。”（《论语·子路》）

子曰：“苟正其身矣，于从政乎何有？不能正其身，如正人何？”（同上）

右皆言修己身之德为致治之本，故从政者必有君子之德，而后百姓化成。

子路问君子。子曰：“修己以敬。”曰：“如斯而已乎？”曰：“修己以安人。”曰：“如斯而已乎？”曰：“修己以安百姓。修己以安百姓，尧舜其犹病诸！”（《论语·宪问》）

修己是安人、安百姓之本，盖由身而推之家，由家乃推之国家、天下者也。《易·家人·象》曰：

父父子子，兄兄弟弟，夫夫妇妇，而家道正。正家而天下定矣。

《论语·为政》曰：

> 或谓孔子曰："子奚不为政？"子曰："《书》云：'孝乎！惟孝，友于兄弟，施于有政。'是亦为政。奚其为为政？"

善言孔子务本之义，以推诸政事者，莫备于《礼记·大学》一章。

> 大学之道，在明明德，在亲民，在止于至善。知止而后有定，定而后能静，静而后能安，安而后能虑，虑而后能得。物有本末，事有终始。知所先后，则近道矣。
>
> 古之欲明明德于天下者，先治其国。欲治其国者，先齐其家。欲齐其家者，先修其身。欲修其身者，先正其心。欲正其心者，先诚其意。欲诚其意者，先致其知。致知在格物。物格而后知至，知至而后意诚，意诚而后心正，心正而后身修，身修而后家齐，家齐而后国治，国治而后天下平。自天子以至于庶人，壹是皆以修身为本。其本乱而末治者，否矣；其所厚者薄，而其所薄者厚，未之有也。

程子以《大学》为孔氏之遗书。朱子以右一章为经，盖孔子之言，而曾子述之；其文亦经程子考定，凡二百五字，自此以下，皆传也。盖《大学》以明德、亲民、止至善为“三纲领”，格物、致知、诚意、正心、修身、齐家、治国、平天下为“八条目”。言孔子德治之条理，莫备于此。

惟《大学》究为何人作，学者颇有异说。近世竞尊古本，尤多以程子考定之文为非，然纷纭之辨，非今所亟。要其书出于孔门，殆为可信。盖孔子以家、国、天下，本末一贯，当时儒者承为恒言。《孟子》曰：

> 人有恒言，皆曰“天下国家”。天下之本在国，国之本在家，家之本在身。（《离娄［上］》）

孔子以德治为主，故以法治为非。《左传》晋国铸刑鼎，而孔子论之，《论语》又称“无讼”是也。

> 冬，晋赵鞅、荀寅帅师城汝滨，遂赋晋国一鼓铁，以铸刑鼎，著范宣子所为刑书焉。仲尼曰：“晋其亡乎！失其度矣。夫晋国将守唐叔之所受法度，以经纬其民，卿大夫以序守之，民是以能尊其贵，贵是以能守其业。贵贱不愆，所谓度也。文公是以作执秩之官，

为被庐之法，以为盟主。今弃是度也，而为刑鼎。民在鼎矣，何以尊贵？贵何业之守？贵贱无序，何以为国？且夫宣子之刑，夷之蒐也，晋国之乱制也，若之何以为法？”（《左传·昭公二十九年》）

子曰：“听讼，吾犹人也。必也，使无讼乎！”（《论语·颜渊》）

治国之要，在为上者自竭尽心力，以图治平，使民深信之，而后政令行也。

子张问政。子曰：“居之无倦，行之以忠。”（《论语·颜渊》）

子路问政。子曰：“先之，劳之。”请益，曰：“无倦”（《论语·子路》）

此言从政者不可不励精以求治如此。

定公问：“一言而可以兴邦，有诸？”孔子对曰：“言不可以若是其几也。人之言曰：‘为君难，为臣不易。’如知为君之难也，不几乎一言而兴邦乎！”（《论语·子路》）

右亦励精为治之意，惟其辞婉耳。盖为上者既自竭其力，民自信而服之。

叶公问政。子曰："近者说，远者来。"（《论语·子路》）

叶公所问，当是为政之效。至于近说远来，而德治之效成矣。孔子又尝比论兵、食、信三者，盖尤重信。信，其所以厉行德治之方与？

子贡问政。子曰："足食，足兵，民信之矣。"子贡曰："必不得已而去，于斯三者何先？"曰："去兵。"子贡曰："必不得已而去，于斯二者何先？"曰："去食。自古皆有死，民无信不立。"（《论语·颜渊》）

第十章　孔子政治学说二（礼乐论）

孔子每致叹于礼乐之废。盖德为治之本，礼则治之具，故孔子又恒言礼治。

子曰："能以礼让为国乎，何有？不能以礼让为国，如礼何？"（《论语·里仁》）

子曰："上好礼，则民易使也。"（《论语·宪问》）

丘闻之也：民之所由生，礼为大。非礼无以节事天地之神明也，非礼无以辨君臣上下长幼之位也，非礼无以别男女父子兄弟之亲、婚姻疏数之交也。（《大戴记·哀公问》）

孔子曰："移风易俗，莫善于乐；安上治民，莫善于礼。"（《说苑·修文》）

夫礼必以正名分为亟，故在卫发"正名"之叹，前已论之矣。鲁成公二年，齐师侵卫，战于鞫居。仲尼尝因以论正名之意。

新筑人仲叔于奚救孙桓子，桓子是以免。既，卫人赏之以邑，辞，请曲县、繁缨以朝，许之。仲尼闻之曰："惜也，不如多与之邑。唯器与名，不可以假人，君之所司也。名以出信，信以守器，器以藏礼，礼以行义，义以生利，利以平民，政之大节也。若以假人，与人政也。政亡，则国家从之，弗可止也已。"（《左传·成公二年》）

以器与名为君之所司、不可假人，即名分不可不重，而礼不可稍越之义。《韩诗外传》曰：

孔子侍坐于季孙。季孙之宰通曰："君使人假马，其与之乎?"孔子曰："吾闻君取于臣谓之取，不曰假。"季孙悟，告宰通曰："今以往，君有取谓之'取'，无曰'假'。"

此事亦见《新序·杂事》。又《左传·昭公二十年传》曰：

十二月，齐侯田于沛，招虞人以弓，不进。公使执之。辞曰："昔我先君之田也，旃以招大夫，弓以招士，皮冠以招虞人。臣不见皮冠，故不敢进。"乃舍之。仲尼曰："守道不如守官。"君子韪之。

此事又见《孟子·滕文公［下］》。此皆孔子重名分以行礼治之大略也。

孔子既以礼乐为治国平天下之具，然礼乐早兴于唐虞之世，历夏商周，其制益备。

> 子曰："周监于二代，郁郁乎文哉！吾从周。"（《论语·八佾》）

孔安国解曰："周文章备于二代，当从之。"盖孔子尝欲征夏、殷之礼于杞、宋，而文献不足，鲁犹重周礼，故有"从周"之志。然又曰："其或继周者，虽百世可知也。"盖后王有作，则制作之事，不能一切相袭，必有斟酌于其间，盖于告颜渊时发之。

> 颜渊问为邦。子曰："行夏之时，乘殷之辂，服周之冕，乐则《韶》舞。放郑声，远佞人。郑声淫，佞人殆。"（《论语·卫灵公》）

此则孔子制作礼乐之意，微见于此，盖合四代而择其中者也。

孔子之言治，大抵本之以德，达之以礼，至于风俗既移，则仁化成焉。故曰"必世而后仁"。盖能几于至治，固不易也。至于施治之始，在于富之、教之，既富、既教，礼乐乃可兴耳。

> 子适卫，冉有仆。子曰："庶矣哉！"冉有曰："既庶矣，又何加焉？"曰："富之。"曰："既富矣，又何加焉？"曰："教之。"（《论语·子路》）

《管子》曰："仓廪实则知礼节，衣食足则知荣辱。"所谓"人富而仁附"者也。故富与教，又是孔子推行礼治之原。

孟子好言王道、言仁政，而陈义亦不出孔子富与教之意。

> 五亩之宅，树之以桑，五十者可以衣帛矣。鸡豚狗彘之畜，无失其时，七十者可以食肉矣。百亩之田，勿夺其时，数口之家可以无饥矣。谨庠序之教，申之以孝悌之义，颁白者不负戴于道路矣。七十者衣帛食肉，黎民不饥不寒，然而不王者，未之有也。（《孟子·梁惠王上》）

孟子愿学孔子，其言政治，尤善祖述孔子者也，故附著其说于此。

第十一章　孔子教育学说

《论语》尝称孔子为教之目曰：

子以四教：文、行、忠、信。(《述而》)

盖文者文学，行者德行，忠谓政事，信谓言语。(李充曰："为人臣则忠，与朋友交则信。") 即孔门之"四科"也。《论语》又曰：

德行：颜渊、闵子骞、冉伯牛、仲弓；言语：宰我、子贡；政事：冉有、季路；文学：子游、子夏。(《论语·先进》)

然此四科之中，学者平日致力尤多者，为德行、文学二科。

曾子曰："吾日三省吾身：为人谋而不忠乎？与朋友交而不信乎？传不习乎？"(《论语·学而》)

朱子《集注》曰：“传谓受之于师，习谓熟之于己。”然则传习者，文学之事；“为人谋而不忠乎”“与朋友交而不信乎”者，德行之事。故德行、文学二科，尤学者平日所致力矣。

孔子以教育英材为任，苟来尽其相当之礼敬者，即有所诲焉。

> 子曰：“自行束脩以上，吾未尝无诲焉。”（《论语·述而》）

《盐铁论》《列女传》等并以“束脩”谓年十五以上，皇侃《疏》则以“束脩”为十束脯，最是贽之至轻者也。今当进而论孔子之教育法。

> 子曰：“不愤不启，不悱不发；举一隅不以三隅反，则不复也。”（《论语·子罕》）

朱子《集注》曰：“物之有四隅者，举一可知其三。反者，还以相证之义。复，再告也。欲学者勉于用力，以为受教之地也。”又引程子曰：“不待愤悱而发，则知之不能坚固。待其愤悱而发，则沛然矣。”按：愤是心求通而未得之意，悱是口欲言而未能之貌。必待其如此，乃启发之。

子曰："吾有知乎哉？无知也。有鄙夫问于我，空空如也，我叩其两端而竭焉。"（《论语·子罕》）

朱子《集注》曰："孔子谦言己无知识，但其告人，虽于至愚，不敢不尽耳。叩，发动也。两端，犹言两头。言终始本末、上下精粗，无所不尽。"焦循《论语补疏》曰："鄙夫来问，必有所疑。惟有两端，斯有疑也。故先叩发其两端，谓先还问其所疑，而后即其所疑之两端而穷尽其意，使知所问焉。"

孔子教人，盖无不尽，未有所隐。

子曰："二三子以我为隐乎？吾无隐乎尔。吾无行而不与二三子者，是丘也。"（《论语·述而》）

然孔子虽无所隐，犹必因材施教，使闻者各得其益焉。

子贡问："师与商也孰贤？"子曰："师也过，商也不及。"曰："然则师愈与？"子曰："过犹不及。"（《论语·先进》）

子路问："闻斯行诸？"子曰："有父兄在，如之何其闻斯行之？"冉有问："闻斯行诸？"子曰："闻斯行之。"公西华曰："由也问'闻斯行诸'，子曰：'有父兄在。'求也问'闻斯行诸'，子曰：'闻斯行之。'赤

也惑，敢问。”子曰：“求也退，故进之；由也兼人，故退之。”（同上）

孔子薄轻华而贵笃实，常以此教人。

子曰：“奢则不逊，俭则固。与其不逊也，宁固。”（《论语·述而》）

林放问礼之本。子曰：“大哉问！礼，与其奢也，宁俭；丧，与其易也，宁戚。”（《论语·八佾》）

先进于礼乐，野人也；后进于礼乐，君子也。如用之，则吾从先进。（《论语·先进》）

孔子于弟子之所长，则不惜奖借而诱掖之。

子曰：“孝哉闵子骞！人不间于其父母昆弟之言。”（《论语·先进》）

子曰：“片言可以折狱者，其由也与！”（《论语·颜渊》）

子曰：“贤哉回也！一箪食，一瓢饮，在陋巷，人不堪其忧，回也不改其乐。贤哉回也！”（《论语·雍也》）

子谓仲弓曰：“犁牛之子骍且角，虽欲勿用，山川其舍诸？”（同上）

孔子于弟子之所短，亦不吝直斥之。

柴也愚，参也鲁，师也辟，由也谚〔喭〕。（《论语·先进》）

吴械以为此章之首脱“子曰”二字，然此自是孔子之言耳。

冉求曰：“非不悦子之道，力不足也。”子曰：“力不足者，中道而废。今女画。”（《论语·雍也》）

宰予昼寝。子曰：“朽木不可雕也，粪土之墙不可杇也。于予与何诛？”（《论语·公冶长》）

季氏富于周公，而求也为之聚敛而附益之。子曰：“非吾徒也。小子鸣鼓而攻之，可也。”（《论语·先进》）

孔子于弟子之失，谴责不少假借，何其威严若此，故门人诚服之如子之事父。孔子待门人，亦犹父之于子，是所以立师道也。

第十二章　孔子人性论

前章既述孔子之言教育者，则不可不知孔子之人性论。盖孔子以人之性，大抵可以教育变化之也。请征于《论语》。

子曰："有教无类。"（《卫灵公》）

子曰："人能弘道，非道弘人。"（同上）

朱子注"有教无类"曰："人性皆善，而其类有善恶之殊者，气习染之也。故君子有教，则人皆可复于善，而不当复论其类之恶矣。"张子论"人能弘道"曰："心能尽性，人能弘道也。性不知检其心，非道弘人也。"盖孔子虽未显言"性善"，然上二章实包性善之义，故可因教育使复于善也。

孔子从事于教育久，则知人性于事实不能无所差异，于是又曰：

性相近也，习相远也。（《论语·阳货》）

唯上知与下愚不移。（同上）

程子以此性是气质之性，而下愚不移者才也。此以人性皆善，惟气质与才则有不同耳。然韩退之“性三品”说，当是原于“上知下愚不移”之意。且孔子又曰：

生而知之者，上也；学而知之者，次也；困而学之，又其次也。困而不学，民斯为下矣。（《论语·季氏》）

盖孔子于性之善恶，未尝质言，故自孔子以后，言性者颇有异同，约分五派：

（一）性善派　孟子主之。其言曰：人性之善也，犹水之就下也。人无有不善，水无有不下。

（二）性有善有恶派　公孙尼子及世硕主之。《论衡》曰：“周人世硕，以为人性有善有恶，举人之善性，养而致之则善长；性恶，养而致之则恶长。如此，则性各有阴阳，善恶在所养焉。（按：此即言人性可依教育变化。《孟子》所云：“或曰：‘性可以为善，可以为不善，是故文、武兴则民好善，幽、厉兴则民好暴。’”即是此派之说也。）

（三）性三品派　《孟子》曰：“或曰：‘有性善，有性不善。是故以尧为君而有象，以瞽瞍为父而有舜，以纣为兄之子且以为君，而有微子启、王子比干。’”（《告子上》）朱子曰：“韩子性有三品之说，盖如此。”（《孟子章句·告子章句上》）

（四）性无善无恶派　告子主之。《孟子》引告子曰：“性无善无不善也。”（（《告子上》）

（五）性恶派　荀子主之。《荀子》有《性恶篇》，以圣人化性而起伪也。

以上五派，大抵皆出于孔子之后学，故述其略于此。

第十三章 孔子晚年思想

孔子中年之际，则尽力于政治道德之事，欲以化人及物，故于鬼神、天道皆所罕言。

季路问事鬼神。子曰："未能事人，焉能事鬼？"曰："敢问死？"曰："未知生，焉知死？"（《论语·先进》）

事人者，政治道德切用之事；事鬼则巫祝祷祈之事，虚远而不可信者也。故知生为亟，知死非所务矣。

子贡曰："夫子之文章，可得而闻也；夫子之言性与天道，不可得而闻也。"（《论语·公冶长》）

文章即诗书礼乐。性与天道，说者有异，大抵有如今世所谓宗教或哲学之事者矣。郑玄注曰："天道者，七政变通之占。"此其言天道，近于宗教。近世钱大昕宗之：

经典言天道者，皆以吉凶祸福言。《易》："天道亏盈而益谦。”《春秋传》：“天道多在西北。”“天道远，人道迩，灶焉知天道？”《古文尚书》：“满招损，谦受益，时乃天道。”“天道福善祸淫。”《史记》：“天道无亲，常与善人。”皆此道也。郑康成注《论语》云“天道七政变化之占”，与《易》《春秋》义正同。《孟子》曰“圣人之于天道也”，亦谓吉凶阴阳之道。圣人有所不知，故曰“命也”。否则性与天道，又何别焉？”（钱大昕《十驾斋养新录》）

何晏解“天道”曰：“天道者，元亨日新之道。”此其言天道，近于哲学。近世焦循主之：

自春秋时《易》学不明，而梓慎、裨灶之流，以七政占验为天道，故云“天道多在西北”。子产虽正斥之以“天道远，人道迩，灶焉知天道”，而天道之称究未能言。孔子赞《易》，乃明之曰：“立天之道，曰阴与阳；立地之道，曰柔与刚；立人之道，曰仁与义。”于《临》曰：“大亨以正，天之道也。”于《谦》曰：“天道亏盈而益谦，地道变盈而流谦。”于《恒》曰：“天地之道，恒久而不已也。”《记》载哀公问曰：“敢问君子何贵乎天道也？”孔子曰：“贵其‘不已’。如日月东西相从而不已也，是天道也；不闭其久，是天道也；无为而物成，是天道也；已成而明，是天道也。”

孔子言天道，在消息盈虚，在恒久不已，在终则有始，在无为而物成，为格物、致知、正心、修身、齐家、治国、平天下之本，为伏羲、神农、黄帝、尧、舜、文王、周公以来治天下之要，与七星变占不同。桓谭知谶纬之谬，而尚缘天道性命，圣人所难言也，是不知孔子所言之天道，非伎数巧慧所能托也。郑氏以此解《论语》，浅之乎观圣人矣！何氏本元亨日新以论天道，识见之卓，越乎康成。（焦循《论语补疏》）

是古于天道，有宗教上与哲学上之二解。然天道固宜兼有宗教及哲学之旨趣，康成主其变，平叔主其常，必合二说而天道始全耳。

当时颇有信鬼神怪异以祈福佑者，孔子常非之：

子不语怪、力、乱、神。（《论语·述而》）

樊迟问知。子曰："务民之义，敬鬼神而远之，可谓知矣。"（《论语·雍也》）

子曰："非其鬼而祭之，谄也。"（《论语·为政》）

子疾病，子路请祷。子曰："有诸？"子路对曰："有之。《诔》曰：'祷尔于上下神祇。'"子曰："丘之祷久矣。"（《论语·述而》）

由此观之，则孔子于事鬼要福之俗，固有所不取。至于孔子恒称“天”，殆指一有知识、有意志，位乎人上而长存者言之也。

> 子曰：“莫我知也夫！”子贡曰：“何为其莫知子也？”子曰：“不怨天，不尤人；下学而上达。知我者其天乎？”（《论语·宪问》）
>
> 子疾病，子路使门人为臣。病间，曰：“久矣哉！由之行诈也。无臣而为有臣。吾谁欺？欺天乎？”（《论语·子罕》）
>
> 子畏于匡，曰：“文王既殁，文不在兹乎？天之将丧斯文也，后死者不得与于斯文也；天之未丧斯文也，匡人其如予何？”（同上）
>
> 子曰：“天生德于予，桓魋其如予何？”（《论语·述而》）
>
> 颜渊死。子曰：“噫！天丧予！天丧予！”（《论语·先进》）
>
> 王孙贾问曰：“与其媚于奥，宁媚于灶，何谓也？”子曰：“不然，获罪于天，无所祷也。”（《论语·八佾》）

以上诸章所言“天”，似皆谓天有知识、有意志。后世或以天体漠然无知，殆异于孔子之意也。孔子对天极其虔敬。《春秋》详载日蚀灾变，皆以其出于天之意志，以示罚戒于人者，故当恐惧修省。《论语·乡党篇》记孔子“迅雷风烈必变”，亦此义也。

天之知识、意志，皆超绝于人，故能监临人类而命令之。孔子盖五十而知天命，今掇《论语》言天命者如左：

> 子曰：“不知命，无以为君子也。”（《论语·尧曰》）
>
> 孔子曰：“君子有三畏：畏天命，畏大人，畏圣人之言。小人不知天命而不畏也，狎大人，侮圣人之言。”（《论语·季氏》）

孔子不仅言畏敬天命而已，其处危急存亡之际，恒以一身委之天命，泰然自若，如其当桓魋之难、匡人之厄是也。

> 公伯寮愬子路于季孙。子服景伯以告，曰：“夫子固有惑志于公伯寮，吾力犹能肆诸市朝。”子曰：“道之将行也与？命也。道之将废也与？命也。公伯寮其如命何！”（《论语·宪问》）

此章殆是孔子为司寇，子路为季氏宰，堕三都之策未得行之后所言。盖子路方遭谗谤，子服景伯欲有以白之，而夫子则独委之于天命也。

天不惟为人所当敬畏而已，圣人则能法天，孔子尝以此美尧曰：

> ……唯天为大，唯尧则之。……（《论语·泰伯》）

孔子又自言法天：

> 子曰："予欲无言。"子贡曰："子如不言，则小子何述焉？"子曰："天何言哉？四时行焉，百物生焉，天何言哉？"（《论语·阳货》）

孔子晚年，始每言天人合一之理，大抵在孔子返鲁之后。其与哀公问答，诸书所记最多，详而考之，亦可见其略也。

孔子晚年与哀公问答之语，散见于大小戴《记》。《荀子》有《哀公篇》，与《大戴记·哀公问五义篇》，其文略同；《大戴记·哀公问于孔子篇》，与《小戴记·哀公问篇》亦略相近。虽不知其所本，皆记孔子晚年之言也。他如《大戴记》中《千乘》《四代》《虞戴德》《诰志》《小辨》《用兵》《少间》七篇，亦孔子与哀公问答。刘向以此七篇即《孔子三朝记》也。孔广森《大戴礼记补注·序录》曰：

刘向曰："孔子之见哀公，作《三朝记》七篇，今在《大戴礼》，盖《千乘》《四代》《虞戴德》《诰志》《小辨》《用兵》《少间》是也。"《汉书·艺文志》："《孔子三朝》七篇。"师古曰："今《大戴礼》有其一篇。"《高帝纪》注：臣瓒引《三朝记》："蚩尤庶人之贪者。"师古曰："出《用兵》篇，非《三朝记》也。"以《别录》证之，小颜说误。

孔子返鲁在哀公十一年，于是孔子年六十八矣。哀公所问，多关于政治、道德之事，而孔子所以对者，往往兼有宗教、哲学之旨趣焉。故《三朝记》可征孔子"天人合一"之思想也。

有天德，有地德，有人德，此谓三德。三德率行，乃有阴阳。阳曰德，阴曰刑。（《四代》）

天道以视，地道以履，人道以稽。（同上）

孔广森《大戴记补注》曰："稽，同也；同之天地。"

天事曰明，地事曰昌，人事曰比两以庆。（《虞戴德》）

《补注》曰："明照物，昌育物。两即天地也，言合天地之道以为善。”

照天之福，迎之以祥；作地之稸，制之以昌；兴民之德，守之以长。（《诰志》）

《补注》曰：“祥，善也。终言率天祖地，以顺民事。”

天曰作明，日与惟天是戴。地曰作昌，日与惟地是事。人曰作乐，日与惟民是嬉。（《诰志》）

天生物，地养物，物备兴而时用常节曰圣人。（同上）

天作仁，地作富，人作治。（同上）

天政曰正，地政曰生，人政曰辨。（《少间》）

时天之气，用地之财，以生杀于民。（同上）

已上诸语，皆以天、地、人并举，大抵一以喻天人合一之符，一以喻率由天地之道以治人事也。然孔子晚年思想，尤于其喜《易》见之。《史记·孔子世家》曰：

孔子晚而喜《易》，序《彖》《系》《象》《说卦》《文言》。读《易》，韦编三绝。曰：“假我数年，若是我于《易》则彬彬矣。”

司马迁所举，于《十翼》中，以《彖》《象》《系辞》《说卦》《文言》等篇为孔子作。后儒遂以《十翼》皆出孔子，至宋欧阳修《易童子问》始疑之，然但谓《系辞》以下非孔子作，未疑及《彖》《象》也。盖其立论之点有二：

（一）诸篇词意多重复，不类出于一手。

《乾》之《初九》曰："潜龙勿用。"圣人于其《象》曰："阳在下也。"岂不曰其文已显，而其义已定乎！而为《文言》者又曰："龙德而隐者也。"又曰："阳在下也。"又曰："阳气潜藏。"又曰："潜之为言，隐而未见。"《系辞》曰："乾以易知，坤以简能。易则易知，简则易从。易知则有亲，易从则有功。有亲则可久，有功则可大。可久则贤人之德，可大则贤人之业。"其言天地之道、乾坤之用、圣人所以成其德业者，可谓详而备矣。故曰"易简而天下之理得矣"者，是其义尽于此矣。俄而又曰："广大配天地，变通配四时，阴阳之义配日月，易简之善配至德。"又曰："夫乾，确然示人易矣；夫坤，隤然示人简矣。"又曰："夫乾，天下之至健也，德行常易以知险；夫坤，天下之至顺也，德行常简以知阻。"《系辞》曰"六爻之动，三极之道也"者，谓六爻而兼三材之道也。其言虽约，其义实无不包矣。又曰："《易》之为书也，广大悉备。

有天道焉，有人道焉，有地道焉。兼三材而两之，故六。六者，非他也，三材之道也。”而《说卦》又曰：“立天之道曰阴与阳，立地之道曰柔与刚，立人之道曰仁与义。兼三材而两之，故《易》六画而成卦。分阴分阳，迭用柔刚，故《易》六位而成章。”《系辞》曰：“圣人设卦观象，系辞焉而明吉凶。”又曰：“辨吉凶者存乎辞。”又曰：“圣人有以见天下之动而观其会通，以行其典礼，系辞焉以断其吉凶，是故谓之爻。”又曰：“《易》有四象，所以示也。系辞焉，所以告也。定之以吉凶，所以断也。”又曰：“设卦以尽情伪，系辞焉以尽其言。”其说虽多，要其旨归，止于《系辞》明吉凶尔，可一言而足也。

凡此数说者，其大略也。其余辞虽小异，而大旨则同者，不可胜举也。谓其说出于诸家，而昔之人杂取以释经，故择之不精，则不足怪也。谓其说出于一人，则是繁衍丛脞之言也。（《周易童子问》三）

（二）诸篇所论有时自相矛盾。

《文言》曰：“元者，善之长也。亨者，嘉之会也。利者，义之和也。贞者，事之干也。”是谓乾之四德。又曰：“乾元者，始而亨者也。利贞者，性情也。”则又非四德矣。谓此二说出于一人乎，则殆非人情也。

《系辞》曰："河出图，洛出书，圣人则之。"所谓"图"者，八卦之文也。神马负之，自河而出，以授于伏羲者也。盖八卦者非人之所为，是天之所降也。又曰："包羲氏之王天下也，仰则观象于天，俯则观法于地。观鸟兽之文，与地之宜。近取诸身，远取诸物。于是始作八卦。"然则八卦者，是人之所为也，《河图》不与焉。斯二说者，已不能相容矣。而《说卦》又曰："昔者圣人之作《易》也，幽赞于神明而生蓍，参天两地而倚数，观变于阴阳而立卦。"则卦亦出于蓍矣。八卦之说如是，是果何出而出也？谓此三说出于一人乎，则殆非人情也。（《周易童子问》三）

且不止此也。《系辞》《文言》屡引用孔子之言，《系辞》称"子曰"者凡十九处，《文言》称"子曰"者凡五处，此亦非孔子自著之明征。然《十翼》要自孔子门人所集，其中当包含孔子晚年思想，无可疑也。其中言天人之故，多与《中庸》《三朝记》等合。

或谓《彖》《象》出于孔子以前，然《文言》中亦有穆姜之语，《左传》载穆姜论《随》卦曰：

元，体之长也；亨，嘉之会也；利，义之和也；

贞，事之干也。体仁足以长人，嘉德足以合礼，利物足以合义，贞固足以干事。

此辞见于《文言》，不过二三字小异而已。故今定以《十翼》为孔子之后学所记，不必出于一人；而其中实包含孔子晚年思想，且兼有时引用孔子以前之语者也。

《十翼》之中，《系辞》尤多言天人之故。其中有最与《论语》异者二事：

（一）《论语·泰伯》《尧曰》二章历述群圣，皆始乎尧而终乎武。故子思以仲尼祖述尧舜、宪章文武。孟子最尊孔子，而言必称尧舜。盖自删《书》已发其意。惟《系辞》每称包羲、神农以来。此一异也。

（二）《论语》称“子不语怪、力、乱、神”，孔子答樊迟则曰“敬鬼神而远之”，答子路则曰“未知生，焉知死”。今《系辞》曰：“精气为物，游魂为变，是故知鬼神之情状。”“原始反终，故知死生之说。”是皆《论语》之所不言者，其异二也。

盖《论语》专论人道，《系辞》兼言天人之故。参以《中庸》《三朝记》等，知为孔子晚年思想所在，故略比而论之。

第十四章　《系辞传》中之孔子世界观

前章已论《系辞传》出于孔子以后儒家之手，虽不能定何者确为孔子之言，然其中实含有孔子晚年思想。《易》之《传》最古，若以哲学论之，则吾国之哲学，不可不首求之于《易》。故今因《系辞传》而考孔子之世界观，亦得因以略明古代哲学之原焉。

《易》立天地、日月、雷风、山泽之变，以明万事。盖观宇宙之象，而求之于经验焉。《系辞》曰：

> 仰以观于天文，俯以察于地理。（《上传》）
>
> 仰则观象于天，俯则观法于地。观鸟兽之文，与地之宜。近取诸身，远取诸物。（《下传》）

天文、地理，是宇宙之全象。观此全象，而以合理（Rational）之法释之，乃立一种之世界观。故曰：

> 《易》与天地准，故能弥纶天地之道。（《上传》）
>
> 夫《易》广矣、大矣！以言乎远则不御，以言乎

迩则静而正，以言乎天地之间则备矣。（同上）

然《系辞传》中之世界观，果何如者？凡经验之方法，其始观察之也，必先交积众材。故因于宇宙一切全象而求之，则得天、地、人三道。故曰：

《易》之为书也，广大悉备。有天道焉，有人道焉，有地道焉。兼三才而两之，故六。（《下传》）

于是又以天地之道为人道之准，故曰：

明于天之道，而察于民之故。（《上传》）

《说卦传》又由天、地、人三道而分属六性，曰：

昔者圣人之作《易》也，将以顺性命之理。是以立天之道，曰阴与阳；立地之道，曰柔与刚；立人之道，曰仁与义。兼三才而两之。

《说卦传》之说以天、地、人三道兼属有阴、阳、刚、柔、仁、义六性，此《系辞》中所未言。自曾子始亟称“仁义”，故《说卦传》疑出于曾子之门人，视《系辞传》

稍晚也。《系辞》仅明阴、阳二元，故曰：

> 一阴一阳之谓道。(《上传》)

阳者，积极之原理；阴者，消极之原理，所谓“消、息”是也。合天、地、人三道，有阴、阳二原理消息其间而成变化，变化则谓之“易”。故曰：

> 天地设位，而《易》行乎其中矣。(《上传》)

易有变易、不易、容易三义，其义所以不止于变易者，以变则有生，生则久，其相流转而无穷也。故易之行，尤莫大于生。《系辞》曰：

> 天地之大德曰生。(《下传》)
>
> 生生之谓易。(《上传》)

然则宇宙之根本原理，不在于静，而在于动。动为生因，动之所本，则名“太极”。故曰：

> 《易》有太极，是生两仪，两仪生四象，四象生八卦，八卦定吉凶，吉凶生大业。(《上传》)

《系辞》之世界观，盖主一元，太极是也。太极动而生阴阳，则又迄有二元论于其中矣。至于研究之法，则重在经验，而不涉于认识论。又以合理为归，而不取神秘之说。是孔子晚年世界观之大略也。《大戴记·哀公问于孔子篇》有足与此相证者：

公曰："敢问君何贵乎天道也？"孔子对曰："贵其不已。如日月东西相从而不已也，是天道也。不闭其久也，是天道也。无为物成，已成而明，是天道也。"

此谓天道恒动不已，故与《系辞》之言合也。惟老子之世界观亦主一元，而尚其静、不尚其动，异于孔子。老子常言无状之状、无物之象，即"无极"之义也。又曰：

道冲而用之，或不盈。渊兮似万物之宗。挫其锐，解其纷，和其光，同其尘，湛兮似或存。（《老子·第四章》）

道之为物，惟恍惟惚。惚兮恍兮，其中有象。恍兮惚兮，其中有物。窈兮冥兮，其中有精。其精甚真，其中有信。（《老子·第二十一章》）

然则老子之世界观主于消极、主于静，与孔子之世界观主于积极、主于动者，固有所不同也。宋周敦颐始取道家与儒家之说而调和之，曰：

> 无极而太极。（《太极图说》）

是取孔、老二家之世界观，折而衷之，以动静互相为根，而立道德之根本原理。然《太极图说》之言主静，《通书》之言无欲，犹有偏于道家之嫌。故清之学者多以“太极图”为出于道家也。

孔子以经验为主，以合理立说。子思最善述其志。故《中庸》以至诚为宇宙及人间之根本原理，由至诚之概念，而演绎诸种之属性。其言曰：

> 至诚无息，不息则久，久则征，征则悠远，悠远则博厚，博厚则高明。

至诚即根本原理也，博厚、高明、悠久，其属性也。此实近于哲学上合理主义之说矣。合理之论至宋而盛，邵康节益以数理阐明之。其世界观以太阳、太阴、少阳、少阴为四原理，上推宇宙，而下合人事，皆统之于数。其论历史曰：

> 仲尼曰：“殷因于夏礼，所损益可知也；周因于殷

礼，所损益可知也；其或继周者，虽百世可知也。”夫如是，则何止于百世而已哉？亿千万世，皆可得而知之也。（《观物内篇》五）

此可谓以合理主义而推之者矣。康节尤非神秘说，益为其属于合理派之证：

人或告我曰：天地之外，别有天地万物，异乎此天地万物，则吾不得而知之。非唯吾不得而知之也，圣人亦不得而知之也。凡言“知”者，谓其心得而知之也；言“言”者，谓其口得而言之也。既心而不得而知之，口又恶得而言之乎？以心不可得知而知之，是谓妄知也；以口不可得而言而言之，是谓妄言也。吾又安能从妄人而行妄知妄言者乎？（《观物内篇》二）

至于老子，则取神秘主义，其言曰：

道可道，非常道；名可名，非常名。（《老子·第一章》）

天下皆知美之为美，斯恶已；皆知善之为善，斯不善已。（《老子·第二章》）

上德不德，是以有德；下德不失德，是以无德。（《老子·第三十八章》）

老子谓道德美恶，皆若不可知。是可想见其不取合理主义而取神秘主义也，是儒、道二教之所以根本不同也。

又，孔子之世界观不涉于认识论，取义甚质朴，但明征其实体而已。老子则稍有认识论之端绪焉，其言曰：

> 吾不知谁之子，象帝之先。(《老子·第四章》)
>
> 视之不见名曰夷，听之不闻名曰希，抟之不得名曰微。此三者不可致诘，故混而为一。(《老子·第十四章》)
>
> 吾不知其名，字之曰道。(《老子·第二十五章》)

中国古代哲学，孔、老二派是其大宗，故因孔子之世界观，而粗叙其同异于此。

整理后记

谢无量（1884—1964）是现代知名的学者，主要从事编辑、教学、研究工作，曾历任数所大学的教授、系主任，数家博物馆、文史馆的馆员、馆长等。一生著述颇丰，其中《中国妇女文学史》《中国大文学史》等学术专著，在相关领域颇具影响，甚至有开拓性意义；相对大众化的《孔子》《诗学指南》《词学指南》等，深入浅出，通俗易懂，对传统文化的普及则多所助益。

这部《孔子》，是一部评传类的著作。全书两编，前一编介绍孔子的生平事迹，后一编论述孔子的思想学说。书中以述为主，梳理了大量文献资料，进而以此为基础予以辨析，并略加论断，要言不烦，言简意赅。书中对孔子学说思想的讨论，不仅分门别类，各加归纳、论列，并结合儒学后人以及道家、墨家的有关论述，给以历史性、世界性的观照，尤其具有建设性意义。1915 年初版之后，到 1926 年，此书已经印刷七次，足见深受欢迎。

本次整理，除简体横排之外，在资料查核、校正方面，也做了一些工作。原书明显的误植（包括引文）一般径予改正，有的（包括异文）则以〔 〕随文注出；缺漏的文字，则以［ ］补出。原书涉及古籍篇名，有的未注明篇名（包括《论》《孟》等书中篇之“上、下”）等，也用［ ］予以补出。此外，还适当做了几处注释，一般注释之外，也包括缺漏或异文较多文献的原文等。

本书虽然篇幅不大，但涉及内容广泛，征引古籍众多，且不乏中西比较（包括少量外文）。整理中定然存在各种不足，恳请读者批评指正。

整理者

庚子初冬